Frisch & Noll
eine Filmnovelle

von Thomas Hostettler

Ödenwil, 17. August 2024

Lieber Edi!

Danke für die goldenen Tage im Albergo Centovalli. Gratulation zum Leoparden! Unter uns: Ich habe ja nicht geglaubt, dass da wirklich was draus wird.
Und nun dieser Erfolg!
Über die junge Regisseurin kann ich nur staunen. Was die alles kann! Wie sie die Schauspieler führt! Max Rüdlinger als FRISCH ist hinreissend in seiner sanften Melancholie. Vor allem aber Dany Lévy als NOLL hat mich umgehauen. Dass er ein lebendiger, junger Schauspieler aus Basel war, wusste ich, aber dass er das kann … was für eine wache Präsenz bis zum letzten ATEMZUG!
Und dass eben dieser in einem SCHWEIZER SPIELFILM nicht verdrängt, sondern gestaltet wurde, ist dein Verdienst.

Herzlich!
Thomas

P.S.
Schon nur die Winteraufnahmen in Zürich … der tief verschneite Flughafen … es hat sich gelohnt, drei Jahre zu warten.

ZÜRICH. Ein grauer Herbsttag. Wir schreiben den
18. Oktober 1982. Um die mächtigen Doppeltürme
des GROSSMÜNSTER kreischen die Möwen.
Und dann erklingt gewaltig Musik von J.S. Bach:
das «Credo» aus der h-moll Messe.[1]

Im Münster hat sich le tout Zurich versammelt,
um PETER NOLL die letzten Ehren zu erweisen.
In der ersten Reihe die Familie (Bruder Christoph
und Rebekka), erschöpft aber gefasst. Die Mutter.
Almuth, die Ex-Frau. MAX FRISCH mit Mäppchen.
Lou ist auch da. Schnurrenberger in der achten Reihe.
Weiter hinten denkt man, hoffentlich geht das
nicht all zu lang ich hab noch eine Sitzung.
Ende der Musik.
Max Frisch steigt auf die Kanzel.
   FRISCH Unser Freundeskreis unter den Toten wird
grösser. *beginnt zu lesen* Im Dezember letzten
Jahres, nachdem Peter Noll auf die alltägliche
Frage am Telefon Wie geht's Dir? zuerst mit
halbem Lachen gesagt hat: Vorderhand noch gut,
dann trocken: Ich habe Krebs – haben wir uns
getroffen. Er weiss es seit drei Tagen, und ich
finde ihn völlig gefasst und bei Kräften, einen
Mann, der noch gerne lebt. Aber der medizinische
Befund ist klar und hoffnungslos. Ein halbes Jahr,
ein Vierteljahr, höchstens ein Jahr. Er weiss
genau Bescheid, was seinen Krebs betrifft, und
er lehnt die Operation ab, das ist ebenso klar.
Seine Entscheidung. Er will nicht sterben als
entmündigtes Objekt der Medizin.
WIE ABER STIRBT MAN?

Am BELLEVUE. Es schneit in dicken Flocken.
Verlorne Leute mit hochgeschlagnen Kragen
warten auf ein Tram. Der 4-er kommt. Ein
Paar steigt aus, er etwa vierzig Typ REDAKTOR
am Fernsehen, sein GSPUSI Mitte zwanzig,
ein schönes und gazellenhaftes Wesen.
Als es grün wird, hüpfen sie über die Strasse
Richtung KRONENHALLE.

Die Kronenhölle ist ein nobles Restaurant, in
dem es wuselt von Leuten in teuren Kleidern
mit dicken Portemonnaies. Ein dunkles Getäfer,
opulenter Blumenschmuck. Aus dem Gebrabbel
wachsen die Stimmen der Protagonisten:
    NOLL Erschiessen? Nein. Unter den Zug?
    Auch nicht.
    FRISCH Runterspringen...
    NOLL Im Notfall.
Unter dem Portrait der PATRONNE Max Frisch,
der sich den Mund abputzt.[2]
Peter Noll, sein Vis à Vis, ist ein Mann Mitte
fünfzig. Er hat helle Augen und ein freches
Lachen. Eine gesetzte Serviertochter mit
Namen TRUDI räumt ab.
    TRUDI War s recht Herr Professor?[3]
    NOLL Fein ich hatte einfach nicht so Hunger
    TRUDI Herr Frisch?
    FRISCH Ganz fein!

Trudi schenkt nach. Die Karaffe ist leer. Die Herren wechseln einen Blick.
>TRUDI Noch einen Halben?
>NOLL N Dreier n Dreier
>FRISCH Und die Rechnung.

Trudi ab.
>FRISCH Ich zahle.
>NOLL Kommt nicht in Frage.

Kellner MARIO umtänzelt das Paar, das aus der Kälte kommt.
>MARIO Buona sera signori

Er hilft der Gazelle aus dem Pelz und führt die beiden an den Tisch, wo man gesehen wird. Frisch linst aus den Augenwinkeln.
>FRISCH *flüstert* Ein Mannequin!
>NOLL Das heisst nicht mehr Mannequin Max das heisst Model.
>FRISCH Model? Grauenhaft. *blickt auf die Uhr* Halb neun. Achtung die Mumie.

Von der Küche her taucht Hulda Zumsteg auf, la PATRONNE. Sie war schon alt, als VARLIN sie malte. Heute hat sie etwas Präpariertes und geht am Stock. Aber jeden Abend dreht sie ihre Ehrenrunde im Seidenkleid von Balenciaga.[4] Sie hinkt von Gast zu Gast und streckt ihm ihre welke Hand entgegen. Und jeder darf den Schmuck anschauen und schätzen was er etwa gekostet hat. Das Gspusi macht vor Ehrfurcht fast einen Knicks.
>ZUMSTEG Sitzen bleiben.

Weiter zu den Herren unter dem Portrait.
>ZUMSTEG Guten Abend die Herren!

Auch Frisch und Noll lüpfen beflissen den Hintern und lächeln wie Schulbuben.
>FRISCH UND NOLL *unisono* Guten Abend Frau Zumsteg!
>ZUMSTEG War s recht?
>FRISCH Sehr gut
>NOLL Sehr gut sehr gut
>ZUMSTEG Recht so. Ich wünsche höflich einen schönen Abend.
>FRISCH UND NOLL *unisono* Danke!

La Patronne humpelt weiter. Frau Trudi bringt den Dreier. Am Tisch in der Mitte stecken der Redaktor und sein Gspusi die Köpfe zusammen.
>GSPUSI Nicht schauen. Da drüben sitzt der Dürrenmatt.
>REDAKTOR Wo?
>GSPUSI Der Dicke mit der Pfeife.

Trudi schenkt ein.
>TRUDI Zum Wohl die Herren.

Die Herren heben das Glas.
>REDAKTOR Nein das ist der andere.
>GSPUSI Welcher andere?
>REDAKTOR Der von «Montauk».
>GSPUSI Der Frisch?
>REDAKTOR Genau.
>GSPUSI Bist du sicher?

Die Herren rauchen und schweigen.
> NOLL Um nochmal zurückzukommen...
> auf meinen Wunsch...
> FRISCH Im Grossmünster... was hat
> ein Agnostiker in der Kirche zu sagen...
> NOLL *grinst* Du hast ja noch etwas Zeit.

Frau Trudi bringt die Rechnung. Beide zücken das Portemonnaie. Noll ist schneller und blättert zwei Noten hin.
> FRISCH Du hast schon letztes Mal
> NOLL Es ist recht so Frau Trudi.
> TRUDI Vielen Dank. *ab*

Frisch nuckelt an der Pfeife.
> NOLL Ich habe zuviel Geld. Ich kann s
> nicht mitnehmen Max.

Er lacht ihn an mit frechen hellen Augen.
> FRISCH Ist gut ich mach s.

Eisregen. Schnee. Zürich ist die kälteste Stadt der Schweiz, und Frisch wohnt im kältesten Quartier. Vor der Stockerstrasse steht der JAGUAR[5]. Frisch mit Dächlikappe und Pfeife kratzt vorne, Noll hinten.
> FRISCH Das langt wir müssen.

Sie steigen ein.

Frisch drückt Kupplung und Pedal und dreht
den Schlüssel. Ein krankes Husten ist die
Antwort des Motors.
>   FRISCH Letzte Woche hab ich den in
>   der Garage gehabt das ist eine
>   neue Batterie!

Zweiter Anlauf. Dasselbe Geräusch.
>   FRISCH Gopferdami!
>   NOLL Lass mich
>   FRISCH Das kannst du auch nicht
>   NOLL Doch das kann ich.

Sie steigen um. Noll gibt dem vordern linken
Pneu einen leichten Tritt.
>   FRISCH Mach keinen Scheiss!

Sie steigen ein. Noll probiert s. Bei ihm tönt s wie
ein dumpfes Jaulen.
>   NOLL Ist das eine Kiste
>   FRISCH S hat kein Sinn ich nehm ein Taxi!

Zweiter Versuch. Es stottert.
>   FRISCH So komm ich nie auf dieses
>   verdammte New-York.

Beim dritten Mal klappt s. Noll kann den Stolz
nicht ganz verklemmen.
>   NOLL Ich fahre!
>   FRISCH Meinetwegen. Dann kann ich die
>   Aussicht geniessen.

Noll gibt Gas. Der Auspuff produziert ein Wölklein. Sie fahren durch eine besonders verschandelte Gegend am Friedhof Sihlfeld vorbei[6] auf der Brücke über die Geleise. Stau vor dem Tunnel. Ein Rotlicht.
>NOLL Zwölf Uhr zehn?
>FRISCH Einchecken um elf!
>NOLL Das schaffen wir.

Im Schritttempo geht es durch den Milchbuck.
>NOLL Max... ich bin nicht sicher. Muss das sein? Findest du es nicht geschmacklos wenn ich meinen Tod so öffentlich...

Frisch nuckelt an der Pfeife.
>FRISCH Wenn einer wie du Peter... einer der gelernt hat zu denken... für uns aufschreibt was er denkt... wie er die Welt erfährt mit dem sichern Wissen dass er nicht mehr lange lebt... auch wenn er noch Ski fährt in Laax... also meiner Meinung nach bist du verpflichtet das zu schreiben!
>NOLL Meinst du wirklich?

Sie brennt wieder.
>FRISCH Und wenn du einen Leser brauchst...
>NOLL Oh danke.[7]

Der Flughafen hiess damals KLOTEN. Und die Fluggesellschaft SWISSAIR. Frisch und Noll hetzen durch die Halle. Die Tafel zeigt für NYC eine Verspätung an von drei Stunden.

Der graue Himmel ist schwerer als die weisse Landschaft. Auf der Terrasse stehen Noll und Frisch am Geländer und schauen zu, wie man Flugzeuge enteist.
    NOLL Wann war eigentlich das HOLOZÄN?
    FRISCH Vor der letzten Eiszeit.
    NOLL Das da ist die nächste. Das hört nicht mehr auf. Von jetzt an wird s immer kälter. *kleine Pause* Runterspringen.
    FRISCH Denkst du oft daran?
    NOLL Täglich.
    FRISCH Ich auch.
Ein Flugzeug landet.
    NOLL Was willst du eigentlich in diesem verdammten New-York?
    FRISCH Ich habe eine Loft gekauft! Damit man drin wohnen kann.[8] Aber meistens hocke ich neben der Feuerleiter im fünften Stock und es kotzt mich alles an.

NOLL Und die Dings?
FRISCH ALICE?
NOLL Genau
FRISCH Ist eingezogen.
NOLL Aha.
FRISCH Eine der grössten Schnapsideen meines Lebens: geträumt hab ich von einer Werkstatt in der man auch wohnt. Jetzt ist das eine Wohnung geworden. Ohne Wände. Und um arbeiten zu können suche ich ein Zimmer in der Nähe.
NOLL Sag ihr einen Gruss!
FRISCH Gerne.
NOLL Von unbekannt.
FRISCH Unbekannt bist du ihr nicht ich hab ihr viel von dir erzählt
NOLL Hoffentlich nur Gutes!
FRISCH *trocken* Das auch.

ALTSTADT. Die verschneite Terrasse der Wohnung von Noll. Im Hintergrund ragen phallisch beleuchtet die Doppeltürme des Grossmünsters in die Nacht. Durch angelaufene Fensterscheiben sieht man unscharf eine scharfe Szene: Zwei Frauen und ein nackter Mann, die sich verlustieren.[9]
Eine Frau quietscht:
FRAU Du spinnst!

NOLL Kommt aber allez-hopp!
Die Tür wird aufgerissen. Noll rennt nackt heraus, brüllt wie ein Hurone und wälzt sich im Schnee. Die Kruste bricht. Er springt auf und zeigt auf den Abdruck seines Körpers.
NOLL Das bin ich!!

LAAX, am 22. Januar 1982. Droben im Licht auf weichem Boden. Die Sonne brennt auf die Piste des Crap Sogn Gion. Peter Noll auf dem Skilift, Stöcke in der einen, Zigarette in der andern Hand. Elegant steigt er ab und spickt den Stummel in den Schnee. Er zieht die Handschuhe wieder an und rückt die Brille zurecht. Dann stösst er ab und taucht in die Tiefe. Seine Stimme:
Ich bin Ski gefahren wie früher immer Punkt Der Körper macht noch alles mit Komma ist ganz da Punkt Wenn die leichten Symptome nicht wären Komma könnte man meinen Komma ich sei kerngesund Punkt

Im CHALET. Er sitzt am Fenster in der Sonne und diktiert.

NOLL Absatz. Frisch spricht von FREITOD
im Gegensatz zu SELBSTMORD Punkt
Der Selbstmörder handelt im Affekt Komma
erschiesst sich zum Beispiel Komma
nachdem seine Freundin ihn verlassen
hat Komma oder er stürzt sich aus dem
Fenster Punkt Derjenige Komma der den
Freitod wählt Komma begeht eine Handlung
Klammer oder in meinem Falle Doppelpunkt
eine Unterlassung Klammer geschlossen
überlegt Komma nach Abwägung aller
Umstände Punkt Unwillkürlich muss ich an
die strafrechtliche Unterscheidung denken
zwischen Mord und Totschlag Punkt Wer im
Affekt handelt ist weniger schuldig Punkt
Er lässt die Storen runter, weil es blendet.
Hinter meinem Entschluss steht vielleicht
zuviel Stolz und Hochmut Punkt
Wahrscheinlich sogar Lebensverachtung
Punkt Kann sein dass ich meinen Entscheid
kassiere[10] Punkt Der dunkle Wald hinter dem
zugeschneiten Seelein und der weisse Hang
gegen Falera sind so schön Komma dass ich
das alles noch lange sehen möchte Punkt

Im HÖRSAAL. Peter Noll hat seine letzte Vorlesung gehalten. Ein paar Studenten räumen geräuschvoll zusammen. Einer sagt: Auf Wiedersehen Herr Professor!
    NOLL *lügt* Wiedersehn.
Der Saal ist leer. Er bleibt einen Moment am Pult stehen und murmelt vor sich hin.
    NOLL Vom Katheder zum Katheter.
LOU blickt in den Saal. Sie ist Anfang vierzig, eine Schnippische mit kurzen Haaren.
    LOU Da bist du!
Sie geht zu ihm und mustert ihn streng.
    LOU Und das ist definitiv?
    NOLL Ja.
    LOU Nach den Ferien...
    NOLL Bin ich nicht mehr da. *kleine Pause*
    Ich hab s gern gemacht das weisst du.
    Aber jetzt habe ich anderes zu tun.
    LOU Wenn du gehst gehe ich auch
    NOLL Das ist nicht nötig
    LOU Einen andern Professor kann ich mir einfach nicht vorstellen. Neinnein ich kündige hast du noch was?
    NOLL Da.
Er gibt ihr eine Kassette.

LOU Pressiert s?
NOLL Naja pressieren
LOU Ist es viel?
NOLL Die ersten sechzig Seiten.
LOU Bis wann?
NOLL Es wäre mir natürlich lieb wenn du zügig... natürlich nicht während der Arbeit es ist was Privates
LOU Für dich mach ich alles
NOLL *anzüglich* Alles
LOU Was Sitte und Anstand nicht verletzt. Bis in einer Woche?
NOLL Gern und dann schauen wir das zusammen durch es sollte drum... im Idealfall hat s dann keine Druckfehler mehr.
LOU Druckfehler?
NOLL Hab ich gesagt Druckfehler?
LOU Ja. Das ist ein freudscher. Normalerweise sagst du Tippfehler.
NOLL Ah ja? Jaja. *verlegen* Das wird ein Buch.

N Y C. Auf der Terrasse der LOFT. Ein klarer Abend, die Sonne schüttelt letzte Säcke Goldes auf die Stadt. MAX FRISCH und ALICE LOCKE CAREY posieren für eine Fotografin, die im Auftrag eines literarischen Magazins eine Home-Story gestaltet. Er hat sich für das sportliche Jeanshemd mit den Messingknöpfen entschieden. Es geht um das Glück des alten Mannes mit der Stummelpfeife und der jungen Freundin mit dem langen Haar.
    FOTOGRAFIN Great! Now please turn to the other side yeah great what a light ...yeah!

Sie stellen sich vor dem Wasserturm[11] auf. Beide sind etwa gleich gross. Alice legt ihm den rechten Arm über die Schultern. In ihrer Linken baumelt eine Zigarette. Er hält sie etwas geniert um die Hüften und blickt ins Nichts. Sie tut verliebt.
    FOTOGRAFIN Absolutely great! Thank you.

Früher Morgen in der Küche. Frisch im gestreiften Pyjama wartet mit nackten Füssen neben dem Kochherd auf den Kaffee. Er lässt die Arme baumeln und versucht, mit den Fingerspitzen den Boden zu berühren. Der Ranzen stört. Er kniet ächzend hin und legt sich auf den Rücken. Er hebt ein Bein. Dann das andere. Beide zusammen so gut es geht. Zum Glück beginnt der Kaffee zu sprudeln.

Er trinkt ihn im Stehen und lauscht, ob Alice noch
schläft. Etwas später kommt er geputzt und
gekämmt aus der Dusche. Er zieht Mantel an
und Dächlikappe. Er lauscht nochmal und zuckt
zusammen: etwas darf er ja nicht vergessen!
Auf der Ablage liegt der Einkaufszettel. Er steckt
ihn ins Portemonnaie[12], greift nach der Einkaufstasche, da fällt ihm der Abfallsack! ein. Der grüne.
Er klaubt ihn aus dem Kübel, schnürt ihn zu.
Im Lift geht s abwärts.

Auf der Strasse vor dem Haus liegen schwarze,
glänzende Abfallsäcke. Er zögert und stellt seinen
dazu. Die PRINCE STREET wird geteert: der
schwarze Brei, der noch raucht, die schwere
Walze. Fasziniert wie ein Bub schaut er zu.
Die Männer arbeiten grob und zügig. Die Walze
fährt in einen Lampenmast und verbiegt ihn.
Scheint niemanden zu stören. Amüsiert geht
er weiter.

Ein bunter Laden im SOHO. Was es hier nicht
alles gibt! Den Zettel findet er weder in der Brust -
noch in der Hosentasche, wie vermutet, dafür
im Portemonnaie. Die schwungvolle Schrift von
Alice: FLOUR! SALT! EGGS! YOGHURT!
TOILET PAPER! BRED! SALAD! AJAX!

PRINCE STREET. Aus dem Briefkasten zieht er ein dickes Couvert aus der Schweiz. Absender: Peter Noll, Spiegelgasse, 8001 Zürich.

Beschwingt betritt er die Loft. Alice bearbeitet mürrisch mit dem Staubsauger einen Flecken auf dem Teppich. Frisch stellt die Einkäufe auf die Ablage.
> FRISCH *zärtlich* Good morning!

Keine Antwort.
> FRISCH *lauter* Good morning!

Sie stellt den Sauger ab und faucht ihn an.
> ALICE Darling please! If you take the garbage out of the bucket never forget to put a new one in it! Would you please do that for me just once!
> FRISCH Of course.

Peter Noll geht s nicht viel besser.
> CHRISTOPH Würdest du bitte einmal auf mich hören! Ich bin zwar nur der jüngere Bruder aber ich hab das studiert. Einmal bitte!

Er schmeisst die Röntgenbilder hin.
> CHRISTOPH Eine Teilresektion können wir vergessen. Der Tumor ist in die Blasenwand gewachsen.[13] Die Blase muss raus und zwar subito! Das kann man heute!
> NOLL Ich habe deutlich gesagt

CHRISTOPH Du bekommst einen künstlichen Ausgang der ausserhalb des Körpers in einen Plastikbeutel führt
NOLL Plastikbeutel
CHRISTOPH Den leerst du von Zeit zu Zeit
NOLL Ein Säcklein auf dem Bauch
CHRISTOPH Ich habe einen Patienten der seit fünfzehn Jahren so rumläuft und er ist ganz zufrieden. Was soll das? So lange dein Hirn intakt ist bist du ein intakter Mensch!
Schweigen.
NOLL Ich danke dir Christoph dass du so für mich kämpfst. Du kennst mich. Von Natur aus bin ich eher ein Zögerer und Zweifler. Aber dieser Entscheid ist klar: Ich lasse das nicht operieren.
Schweigen.
CHRISTOPH Dann lehne ich von jetzt an jede ärztliche Verantwortung ab.

CAFE FANELLI in New-York. Die Arbeiter von der Baustelle haben sich an den Tischen breitgemacht und feiern johlend irgend etwas. Sie tragen Schutzhelme und trinken Bier. Max Frisch hat es an die Bar verschlagen, wo er nicht gern sitzt, weil man sich im Spiegel hinter den Flaschen immer anschauen muss.

Vor sich hat er die Notate und den Bleistift.
Ab und zu der Vorschlag einer Kürzung und
am Rand ein «?» aber freudige «!!» gibt es
auch! Die BARMAID, die die Theke wischen
kommt, will wahrscheinlich Schauspielerin
werden. Oder sie ist schon eine.
    BARMAID *rauchige Stimme* One more?
    FRISCH Yes please.
Er schaut ihr nach mit Wohlgefallen. Dann sieht
er sich im Spiegel. Er arbeitet weiter.

ZÜRICH. Peter Noll wohnt in einer gemütlichen
Dachwohnung an der SPIEGELGASSE.[14]
Eine grosse Stube mit Dachschräge, Küche,
Bad und Schlafzimmer. Bücher, Bilder, Fotos.
Eine zum Beispiel über dem Cheminée zeigt Noll mit
Tochter und Frau auf dem familieneigenen
Segelboot. Unter dieser Foto kauert REBEKKA
auf einem Schemel, studiert eine Broschüre
des Strassenverkehrsamtes und trinkt Tee.
Sie ist eine eher ernste, achzehn Jahre junge
Frau. Noll sitzt am Fenster im Ledersessel,
liest und schmunzelt.
    REBEKKA Was ist?
    NOLL Tausend Seiten soll ich schreiben
schreibt er nicht nur sechzig.

REBEKKA Hee! Das ist aber ein echter Aufsteller hee!
NOLL Kann man so sagen.
REBEKKA Was schreibt er noch?
NOLL Dass er zuviel frisst und zuviel säuft. Im März fährt er wieder an den Bodensee. in die Klinik. Um zu fasten. *grinst* Dort geh ich ihn mal besuchen. Kommst du mit?
REBEKKA Ich? Warum?
NOLL Weiss auch nicht...
REBEKKA Was soll ich mit dem
NOLL Ich wär halt einfach gerne noch etwas mit dir zusammen...
REBEKKA Ach Papa!
Sie umarmt ihn und schluchzt kurz und heftig auf.
Er gibt ihr einen Kuss auf die Stirne.
REBEKKA Natürlich komme ich mit.
NOLL Für den Fall dass dir langweilig werden sollte nimm was zu lesen mit
REBEKKA Sowieso.
NOLL *kleine Pause* Tausend Seiten. Jetzt brauche ich dringend zwei Dinge.
Er steht auf und schenkt sich einen CHIVAS REGAL ein. Fragender Blick zu Rebekka.
REBEKKA Wä!
NOLL *schluckt* Mhm fein.
REBEKKA Und was brauchst du noch?
NOLL Einen Verleger.

Der heisst SCHNURRENBERGER, abgekürzt
Schnurri, und kommt jetzt gerade zur Tür herein.
Ein massiger jovialer Mann. Noll sitzt unter dem
JAMES JOYCE vor einem Kaffee crème.
Die Kronenhöhle ist am Nachmittag fast leer.
Von der Küche her der Kellner Mario.
>   MARIO Buon giorno signore Snurenberg
>   SCHNURRI Bonschorno! Dasselbe wie Mösjöh
>   und zwei Stück Zwetschgenkuchen
>   NOLL Ich nehme keinen
>   SCHNURRI Du musst
>   NOLL Ich habe Zwetschgenkuchen nicht gern
>   SCHNURRI Egal.

Er hockt zu ihm hin. Schweigen.
>   SCHNURRI Du machst noch Sachen Peter.
>   Ist es dir wirklich ernst?
>   NOLL Womit?
>   SCHNURRI Ich würde alles operieren lassen
>   wenn ich nur die kleinste Chance hätte
>   NOLL Du vielleicht. Ich nicht.

Schweigen.
>   SCHNURRI Aber
>   NOLL Du bist du und ich bin ich. Okay?
>   SCHNURRI *kleine Pause* Okay okay.

Mario bringt den Kaffee und die beiden Kuchen.
Er blickt den Professor fragend an. Der deutet
auf sein Vis à Vis.
>   MARIO Buon appetito. *ab*

Schnurri nimmt den ersten Biss und greift zum
Mäppchen mit dem Text. Er macht, was man
nicht sollte: Essen und reden gleichzeitig.
    SCHNURRI Ausgezeichnet. Ausgezeichnet!
Hab ich recht verstanden der Max
schreibt dir das Vorwort?
    NOLL Nein das Nachwort.
    SCHNURRI Nachwort?
    NOLL Das Nachwort nicht das Vorwort!
Zuerst kommen meine Diktate und dann
seine Rede. Die Totenrede. Die Rede
die er im Grossmünster halten wird
    SCHNURRI Aha
    NOLL Wenn ich gestorben bin. Das schreibt
er natürlich erst wenn ich tot bin... nehme
ich mal an das kommt dann noch rein in
das Buch... wobei bei Max weiss man
nie... der schreibt immer.
    SCHNURRI Ausgezeichnet. Das machen wir.
Das machen wir!
Er zeigt auf den Kuchen.
    SCHNURRI Definitiv?
Noll lehnt mit knapper Geste ab. Schnurri schaufelt
das zweite Stück hinunter.

Die ersten violetten Magnolien. Gelbe Osterglocken. Es ist Frühling[15], das Gras grünt und der Himmel ist himmelblau. MAX FRISCH fährt mit dem Velo auf dem Uferweg dem Bodensee entlang. Gerader Rücken, Mantel offen, der Wind im schüttern Haar. Und die Pfeife trägt er im Gesicht.

Etwas später sitzt er melancholisch im Zimmer mit einem Glas Rüeblisaft vor der Nase. Die Aussicht geht ins GRÜNE eines Parks, durch den soeben ein alter CITROEN tuckert.

Im Citroen sitzen NOLL und REBEKKA.
REBEKKA PASSIVE Sterbehilfe liegt vor wo auf lebenserhaltende Massnahmen verzichtet wird z.B. Reanimation Antibiotika Zufuhr von Nährstoffen.
NOLL Kapitel?
REBEKKA Kapitel 7 Art. 11.
NOLL Indirekte aktive?
REBEKKA INDIREKTE AKTIVE liegt vor wenn zur Linderung der Leiden Mittel eingesetzt werden welche als Nebenwirkung die Überlebensdauer herabsetzen.
NOLL Beispiel?
REBEKKA Morphium z.Bsp.
NOLL Korrekt. On est arrivé.

Max Frisch steht hocherfreut am Haupteingang
der KLINIK. Ein herzlicher Händedruck mit Noll.
Dessen Blick hat sich verändert, nicht sein
freches Lachen.
>FRISCH Und das ist Rebekka! Nein als
>ich dich das letzte Mal sah kamst du
>mir bis hieher!

Er zeigt auf seine Taille.
>NOLL *tätschelt* Du hast abgenommen
>FRISCH *stolz* Sieht man s? Neun Kilo!
>REBEKKA Grüezi Herr Frisch.
>FRISCH Du kannst Max zu mir sagen.

Rebekka ist verlegen.
>FRISCH Du musst natürlich nicht du kannst
>sagen wie du willst.
>REBEKKA Ich sage lieber Herr Frisch.
>NOLL Und was machen wir? Gehn wir spazieren
>oder nehmen wir eins oder beides?
>Darfst du überhaupt?
>FRISCH Heute mache ich eine Ausnahme.
>REBEKKA Ich geh spazieren. *ab*

Sie schauen ihr nach, der eine mit Wohlgefallen,
der andere mit väterlichem Stolz.
>NOLL Und jetzt?
>FRISCH Dort vorne hat es eine Bank
>direkt am See.
>NOLL Was für eine Bank?
>FRISCH Ein Bänklein.

Auf stillem Wasser kämpfen aufgeregte Enten schnatternd und flügelschlagend gegen attackierende Möwen. Eine GROSSMUTTER mit ENKELIN verfüttert altes Brot.

Frisch und Noll schlendern dazu.
>FRISCH Wie geht s?
>NOLL Gut! Ab und zu Nierenschmerzen aber mit CIBALGIN komm ich über die Runden. Heute musste ich zwei Mal kotzen weiss nicht warum. Ich hab nur Tee getrunken sonst geht es mir gut. Und dir?
>FRISCH Ich kann nicht klagen. Mir bekommt das klösterliche Leben. Hier sagt man einem stündlich was man darf und was nicht. CECHOV hat mal gesagt er würde gern in einem Kloster leben wenn man dort nicht beten müsste.

Sie setzen sich auf die Bank.
>FRISCH Und DARWIN hat doch recht. Es ist ein Fressen und Gefressenwerden. Der Stärkere ist eben stärker. Das ist die Natur. Dabei steht im neuen Testament du sollst den Nächsten lieben wie dich selbst.
>NOLL Im alten.
>FRISCH Bitte?

NOLL So steht s im alten Testament.
JESUS CHRISTUS ist viel radikaler!
In der Bergpredigt postuliert er die
Feindesliebe. Nächstenliebe ist nicht
schwer. Aber wie lieben wir unsere
Feinde?
FRISCH Tja ... ja das ist schwer.

Grossmutter und Enkelin ab. Der Krieg ist vorbei, ohne dass es Tote gegeben hätte. Der blanke See. Ein Segelboot am Horizont.
FRISCH Warst du schon mal in Ägypten?
NOLL Nein wieso?
FRISCH Ich eben auch nicht.[16] Wir sind geprägt vom Christentum das auf dem Judentum basiert
NOLL Jesus war Jude
FRISCH Genau! Aber noch vorher haben schon die Ägypter Pyramiden gebaut! Was haben die geglaubt? Was haben die gedacht? *Zeigfinger* Wenn man wirklich an die Wurzeln möchte müsste man dorthin!
NOLL Meinst du?

Dämmerung. Im Park. Peter Noll klebt einen «L» an die Heckscheibe und übergibt Rebekka den Schlüssel. Max Frisch steht am Eingang der Klinik und winkt. Noll und Rebekka winken auch und steigen ein.

Im Auto.
    NOLL Das kannst du. Blick in den Rückspiegel bevor du losfährst. Ganz wichtig!
Dort steht noch immer Max Frisch. Noll hebt die Hand zum Gruss. Frisch hebt die seine. Rebekka fährt los.
    NOLL Und wie findest du ihn?
    REBEKKA Nett.
    NOLL Die Woche nach Ostern fahren wir zusammen nach Ägypten.
    REBEKKA So.
Sie fährt.
    NOLL Gut machst du das. Und zu Hause sag der Mama bitte einen Gruss.
    REBEKKA Mach ich mach ich.

LUXOR. Wieder die gewaltige Musik von Bach. Die Wüste in der prallen Sonne. Ein kahler, knochenbleicher Bergzug. Der NIL ist hier etwa so breit wie die Rhone in Avignon *Frisch*, oder in Mainz der Rhein *Noll*. An den Ufern schmale, grüne Gärten. Palmenblätter flirren in der Hitze. Der Tempel von KARNAK. In seinen dicken Mauern wandeln die beiden Protagonisten und staunen von unten hinauf an Säulen und an kolossale Statuen.
    NOLL Ich habe Mühe mit der Hitze.

MUSEUM. In einem hölzernen SARKOPHAG liegt die MUMIE RAMSES II : Ein ledernes Köpfchen mit Resten von Haar. Eine spitzige Nase. Die dünnen Arme, gekreuzt auf der Brust, sind bandagiert bis zu den Fingerspitzen. Frisch schaut genau hin. Noll wird s schwindlig und er lehnt sich an die Wand.
    FRISCH Geht s?
Er nickt und probiert ein Lächeln. Sein Gesicht ist nass vor Schweiss. Ende der Musik.

Die Berge lila und der Himmel violett. Die Sonne ist schon unten. Zwei drei Segel auf dem Strom. Auf dem Balkon die Freunde, ohne Hemd und barfuss. Beide ziemlich besoffen. Max Frisch spielt eine Mumie.
> FRISCH Uä! Uääh!

Peter Noll seicht fast in die Hose vor Lachen. Wenn er nur könnte! Wenn er nur könnte.
> NOLL Hör auf ich darf nicht lachen
> FRISCH Uä!
> NOLL Lachen tut mir gar nicht gut hör auf hör auf!

Frisch geht zur Brüstung. Der Strom ein stilles Strömen ohne Glitzern. Ein Gärtner wässert den Rasen. Frisch setzt sich wieder und giesst nach (CHIVAS REGAL).
> FRISCH Willst du eigentlich begraben werden oder verbrannt?
> NOLL Begraben.
> FRISCH Wieso?
> NOLL Verbrennen geht mir zu schnell. Keine Ahnung. Ihr könnt mich auch einfach liegen lassen vor der Kirche. Und warten bis mich die Möwen gefressen haben.
> FRISCH Nackt oder in den Kleidern?
> NOLL Nackt.
> FRISCH Uääh!

Sie lachen. Schweigen.

NOLL Glaubst du an ein Leben nach dem Tod?
FRISCH Ein Leben? Nach dem Tod? Mit dem Tod ist alles fertig!
NOLL Bist du sicher?
FRISCH Ja. *stösst mit der Zunge an* Es ist noch keiner zurückgekommen. Das Leben ist das Leben und der Tod ist der Tod. So lange ich lebe bin ich nicht tot und wenn ich tot bin lebe ich nicht mehr. Also was soll s? Was verstehst du unter Leben nach dem Tod?
NOLL Ein geistiges Leben natürlich.
FRISCH Was heisst Geist!
NOLL Ja was heisst Geist…
FRISCH Geist ist ein Produkt des Gehirns des menschlichen Gehirns und verfault mit dem Körper wie die Lunge verfault die Leber der Darm… der Tod ist das Ende von allem. Per definitionem.
Schweigen.
NOLL Was haben sich die nur vorgestellt… das Gehirn raus… alle inneren Organe… mit Harz ersetzen bandagieren trocknen lassen und dann ab in die Grabkammer. Mit Pauken und Trompeten.

FRISCH Ich bin kein religiöser Mensch.
Deshalb hab ich auch das Stück nicht
verstanden das du mir vor Jahren mal
zu lesen gabst
NOLL DIE TROMPETEN VON JERICHO
FRISCH Genau.

Schweigen.

NOLL Haben sich die Ägypter wirklich
vorgestellt es gebe ein ewiges Leben ...
FRISCH Nicht alle! Nur die reichen. Die
Pharaonen und die hohen Hofbeamten
aber nicht so Leute wie du und ich
NOLL Stimmt
FRISCH Nur die die es vermochten!
Deshalb all die Grabbeilagen ... damit
die Reichen nach dem Tod das Leben
weiter geniessen saufen fressen und
vögeln konnten.
NOLL Gevögelt haben die nicht mehr
FRISCH Meinst du
NOLL So verschnürt wie die waren
FRISCH Wer weiss wer weiss!

Sie grinsen. Frisch zündet seine Pfeife an.

FRISCH Für mich hat das Alles mit Angst
zu tun. Der Angst vor dem Tode.
Und letztlich vor dem Leben. Nicht
annehmen können dass man älter wird
und stirbt
NOLL Genau

FRISCH Ich kann das auch nicht gut... und doch ist es die Wahrheit. Die einzige Gewissheit. Wir sterben Jahr für Jahr. Und Tag für Tag. Sekunde für Sekunde. Ich bewundere dich Peter wie du das kannst.
NOLL Wie ich was kann...
FRISCH Du hast so eine Ruhe
NOLL Es geht es geht
FRISCH Eine stoische Ruhe und bist mit deinen Mitte fünfzig weiter als ich
NOLL Unfreiwillig!
FRISCH Neinnein das hattest du schon immer! Und wenn es einen Philosophen gibt an den du mich immer mehr erinnerst ist es der SOKRATES
NOLL Zuviel der Ehre
FRISCH Dochdoch
NOLL Das kannst du alles mal erzählen im Grossmünster.

Sie grinsen und prosten sich zu. Frisch steht auf und streckt sich. Er geht wieder ans Geländer und schaut hinunter. Derselbe Gärtner an einer andern Stelle.

NOLL Aber du hast schon recht ... wenn es einen Menschen gab ... neben JESUS CHRISTUS ... der mich mit seinem Denken u n d Leben überzeugt hat ist er s.
FRISCH Und seinem Sterben.
NOLL Genau.

BASAR.[17] Es wuselt von Menschen; von
Frauen, von Männern, von Kindern; von Formen
von Farben, es duftet es stinkt und mittendrin Max
Frisch der s geniesst. An einem Schmuckstand
bleibt er stehen. Er sucht etwas, das Alice gefallen
könnte. Der VERKÄUFER empfiehlt mit viel Verve
eine SMARAGDFARBENE Brosche.
Frisch versucht zu markten. Der Verkäufer
kann s besser.

Zur gleichen Zeit sitzt Peter Noll im Zimmer in der
Pyjamahose auf einem Stuhl und diktiert.
    NOLL Erhebliche medizinische SYMPTOME
    Punkt Harn nur noch tropfenweise und
    rot Punkt Extreme Kurzatmigkeit vor
    allem im Liegen und nachts Punkt Kalte
    Schweissausbrüche am ganzen Körper
    Punkt Gefühl des VERENDENS Punkt
Er legt das Diktaphon weg und taumelt zum Tisch.
Dort trinkt er einen Schluck Wasser. Er wankt zum
Bett und greift zum Telefon.

Max Frisch am SWIMMINGPOOL. Sonnenbrille,
Badehose. Vom Liegestuhl aus schaut er den
Leuten zu wie sie baden. Vor allem den Jüngeren.
Weiblichen.[18]

Peter Noll am Telefon. Er spricht mit seinem
Bruder Christoph, dem Arzt.
    NOLL Ich kann nicht mehr brünzeln.
    Es kommt nur noch Blut. Und es ist
    mir dauernd schlecht ... auf der Seite
    geht s ein bisschen besser ... wart ich
    rufe nochmal an ...
Er versucht aufzuhängen. Als er umkippt, fällt der
Hörer aus der Gabel.

Frisch hängt auf dem Balkon die Badehose auf.
Zurück im Zimmer, lauscht er an der Türe Nolls.
Er klopft behutsam. Dann etwas deutlicher.
Als er nichts hört, öffnet er sie einen Spalt.
Noll liegt ohnmächtig neben dem Telefon.
Der Hörer liegt auf dem Teppich.
    FRISCH Peter!
    Er schüttelt ihn.
    FRISCH Peter wie geht s?
    NOLL Beschissen.
Er rappelt sich auf. Frisch horcht am Hörer.
    FRISCH Mit wem hast du telefoniert?
    NOLL Mit Christoph.
    FRISCH Was hat er gemeint?
    NOLL Ich solle den Urlaub abbrechen
    und zurück nach Zürich ins Spital
    so schnell wie möglich.

> FRISCH Kann ich etwas tun?
> NOLL Nein aber ich komme nicht mit auf diesen Ausflug heut Nachmittag so macht das keinen Sinn
> FRISCH Sowieso
> NOLL Geh alleine
> FRISCH Nein
> NOLL Geh doch geh
> FRISCH Ich will doch nicht alleine Schiffchen fahren auf dem Nil
> NOLL Es ist mir hinten und vorne nicht recht dass ich dir den Urlaub
> FRISCH Hör auf mit dem Scheiss! Hör sofort auf! Jetzt müssen wir überlegen.

Noll atmet schwer.

> FRISCH Was kann ich tun?
> NOLL Ein Glas Wasser könntest du mir bringen.

Frisch füllt ihm das Glas nach.

> NOLL Die Tabletten liegen auf dem Teppich
> FRISCH Wo
> NOLL Dort
> FRISCH Welche
> NOLL Alle.

Frisch bringt das Gewünschte.

Noll schluckt zwei CIBALGIN. Frisch füllt Wasser nach. Noll wirft ein ZOMAX hinterher.
>   FRISCH *nach einer Pause* Und jetzt?
>   NOLL Wenn ich nur schlafen könnte. Einfach nur noch schlafen ...
>   FRISCH Probier s!

Er schliesst die Jalousien und hilft ihm, sich hinzulegen.

Nacht. Ein paar Lichter spiegeln sich im Strom. Frisch auf dem Balkon kämpft gegen den Schlaf, verliert den Kampf, aber als ihm das Kinn auf die Brust kippt, wacht er sofort wieder auf. Einen Moment lang weiss er nicht, wo er ist.

Zimmer Noll am nächsten Morgen. Der Patient sitzt angezogen auf dem Bett, die Arme seitwärts gestützt. Die Augen sind klein geworden, die Nase ist wie Wachs.
>   FRISCH Um vier Uhr können sie landen!
>   NOLL Dann muss ich sofort
>   FRISCH Neinein wir haben genügend Zeit wart ich helfe dir.

Er hilft ihm beim Packen.

FRISCH Soll ich die Medis
NOLL Kann ich selber!
Er fängt auf Knien an, die Medikamente einzuräumen,
die auf dem Teppich liegen. Frisch greift ihm dabei
unter die Arme. Dann geht er zum Schrank.
FRISCH Und die Hemden?
NOLL Die weissen kommen oben drauf
sonst zerknittern sie!
FRISCH Jaja!

Auf dem Gang. Die Türe des Zimmers geht auf.
Noll torkelt heraus, Frisch hinterher. Zwei Araber
in weissen DJELLABAH kommen sofort helfen.
Sie stützen Noll und führen ihn mit sanfter Kraft
zum Lift. Frisch schleppt das Gepäck.

Noll wird in ein Taxi verfrachtet. Das Gepäck auch.
Frisch setzt sich neben Noll auf den Rücksitz.
FRISCH AIRPORT!
Sie fahren ab. Frisch legt Noll den Arm über die
Schulter.
NOLL Ich kann alleine sitzen es ist nicht
so dass ich nicht mal mehr alleine
sitzen könnte!
Frisch zieht den Arm wieder zurück.

NOLL Jetzt schau mal der Nil. Schade um die Reise
FRISCH Sicher nicht
NOLL Zum Glück haben wir die Versicherung abgeschlossen! Vier Tage statt zehn die zahlen die Hälfte zurück
FRISCH Schon gut
NOLL Sonst mach ich denen Beine und wie ich denen Beine mache!
Er sinkt erschöpft ins Polster zurück. Der FAHRER hat verstanden, dass einer seiner Gäste sehr krank ist, und fährt achtsam auf der holprigen Strasse. Plötzlich bremst er ab. Ein arabischer LEICHENZUG versperrt den Weg und zwingt zum Schritttempo.
FAHRER DEAD. LOOK! THIS MAN DEAD.
Der Sarg, eine Kiste aus rohem Holz, wird geschultert von sechs Männern. Er wackelt über den Köpfen einer Sippe, die singt.
FAHRER DEAD.
Überholen ist nicht möglich. Noll schaut aus dem Fenster mit Augen, die nichts sehen.
FAHRER LOOK! THIS MAN DEAD.

FLUGHAFEN. Eine Piste in der Wüste. Ein kleiner JET mit Schweizerkreuz. Seine Umrisse zittern in der heissen Luft. Das Taxi fährt dazu. Der Fahrer hilft beim Aussteigen. Frisch bezahlt.
FAHRER LOOK FOR YOUR FRIEND!

Eine dralle KRANKENSCHWESTER aus dem
Kanton Bern und ein junger ARZT kümmern sich
kompetent um Noll.
>NOLL Darf ich?
>ARZT Sowieso.

Er gibt Noll Feuer und steckt sich selber eine
in den Mund. Frisch hat Mühe mit der
militärischen Bürokratie.
>SOLDAT Passport.

Er gibt ihn ungern aus der Hand. Der Soldat
vergleicht die Foto im Pass mit dem Gesicht,
das ihn anschaut. Er schüttelt den Kopf und
winkt dem vorgesetzten KOLLEGEN. Der schaut
noch strenger. Dann bedeutet er Frisch mit
knapper Kopfbewegung, dass er mit darf.

Im JET. Noll liegt auf der Pritsche mit einer Infusion
im Arm. Frisch steigt ein. Noll grinst ihn an wie
einer, der eine Wette gewonnen hat.
Der Flieger fliegt ab. Zum Fenster raus: Die Felder
neben dem Nil sind gartengrün. Die Wüste ohne
Übergang. DAS TAL DER KÖNIGE. Noch später
das Meer. Max Frisch trinkt Coca-Cola und isst
dazu ein Sandwich. Peter Noll wird ein KATHETER
gesetzt. Frisch zwingt sich, nicht wegzuschauen.
Noll scheint nichts zu spüren. Das Ergebnis ist ein
Beutel voll blutigen Urins. Die Farbe bleibt noch
eine halbe Stunde hängen über dem Horizont
gegen Westen.

TRIEMLISPITAL.[19] Als Professor hat Noll ein helles, grosses Einzelzimmer. Er sitzt im Bett. Sein Bruder Christoph in zivil verschreibt ihm ein Rezept. Er reisst den Zettel vom Block.
CHRISTOPH Da.
NOLL Danke. *kleine Pause* Christoph bitte ... ganz im Sinn von Dürrenmatt ... was ist die schlimmstmögliche Lösung?
CHRISTOPH Es gibt die Möglichkeit dass der Tumor den Abfluss der Blase verstopft.
NOLL Und?
CHRISTOPH In diesem Falle gäbe es nicht den relativ schönen Tod durch Nierenversagen sondern eh ... die Urinproduktion würde die Blase überfüllen. Immer mehr.
NOLL Und?
CHRISTOPH Das würde zu unsäglichen Schmerzen führen. Dann müsste man eine sinnlose Notoperation machen oder eben ...
Schweigen.
NOLL Und das da?
CHRISTOPH Am Anfang hilft es sicher. Du fängst mit einer kleinen Dosis an ... sagen wir fünf Milligramm ... dann schaust du wie es wirkt.

ÜETLIBERG. Ein trüber Tag. Noll im Regenmantel steigt aus der Bahn und geht langsam von der Endstation den PLANETENWEG entlang zum Hotel Kulm. Es ist sonst niemand unterwegs. Unter der Wirkung von 10 Milligramm, umschwirrt und umhüpft von Buchfinken und Kohlmeisen, fühlt er sich wie FRANZ VON ASSISI.
Seine Stimme diktiert.[20]

> NOLL Anführungszeichen. Der Tod ist das Rezept gegen alle Leiden Komma ein ganz sicherer Hafen Komma den man nicht fürchten Komma sondern aufsuchen soll Punkt Es kommt auf dasselbe heraus Komma ob der Mensch sich selbst sein Ende gibt oder ob er es erleidet drei Pünktchen Der freiwillige Tod ist der schönste Punkt

Neben dem Hotel mächtig der AUSSICHTSTURM. Und gewaltig die Musik von Bach, die verhalten wieder anklingt. Peter Noll steigt TRITT für TRITT die metallenen Stufen hoch. Oben auf der Plattform muss er verschnaufen. Er blickt hinunter auf Stadt und See. Er prüft die Höhe des Geländers. Er lächelt. Die Musik bricht ab. Von der Treppe her das dumpfe Trappeln eines Pärchens, das sich neckt und nachrennt.

Noll löst die Hände vom Geländer. Das Mädchen
trägt eine Lederjacke und hat violette Haare.
    MÄDCHEN Gewonnen!
Der Bursche ist ein PUNK.
    BURSCHE Ich hab dich gewinnen lassen!
Sie rammeln und küssen sich. Noll schaut
staunend zu.[21]

SECHSELÄUTEN. Die Flammen züngeln schon
um den Körper des Schneemanns. Kostümierte
Zünfter galoppieren um ein Feuer. Mädchen in
Krinolinen und befrackte Buben freuen sich.
Es zischt, es knattert, bis genau nach elf
Minuten und 4 Sekunden der Kopf platzt.
LOU blickt auf die Uhr.
    LOU Das wird ein heisser Sommer.
    NOLL Es kotzt mich alles an.
    LOU Wir brauchen uns das nicht
anzuschauen gehn wir?
    NOLL Wohin?

Majestätisch fährt die STADT RAPPERSWIL vorbei.
An der Reling winken Leute. Unter einem der
schönsten Bäume am Zürihorn sitzen Lou und
Noll. Sie hat bei ihm eingehängt.

NOLL Es ist doch alles Quatsch was ich
diktiere. Was habe ich gewollt? Etwas
das für alle gilt. Weil es alle betrifft.
Und was diktiere ich? Eine Anhäufung
banalster Krankengeschichten
unvermittelt neben langen Refexionen
die keinen überzeugen
LOU Ach Peter
NOLL Am wenigsten mich selber.
LOU Warst du je mit etwas zufrieden?
Schweigen.
NOLL Doch. Ich habe mal ein Stück
geschrieben: DIE TROMPETEN VON
JERICHO. Und niemand hat es
verstanden.
LOU Ein Stück?
NOLL Ein Theaterstück.
Schweigen.
NOLL Ich habe so viel Scheiss gebaut in
meinem Leben.
LOU Wer hat das nicht.
Sie kuschelt sich an ihn.
LOU Du bist ein ganz treuer Mensch
wusstest du das?
NOLL Findest du?
LOU Ja. Aber ein untreuer Mann.
Noll zieht eine Grimasse.
LOU *boxt ihn* Gib s zu gib s zu!

NOLL Ja! Jajaa! *kleine Pause* Weisst
du... es gibt Dinge... die sehe ich heute
anders als vor einem halben Jahr.
LOU Beispiel?
NOLL Zum Beispiel was den SEX angeht.
Sterben kündigt sich an wenn sich EROS
verwandelt in AGAPE.[22] Nicht nur bei
dem der stirbt. Auch beim Partner. Wenn
jemand meint EROS sei stärker als
AGAPE täuscht er sich.
LOU Endlich!
Sie küsst ihn zärtlich auf die Lippen.

CH-6611 BERZONA.[23] Lichte Kringeln an der
Zimmerdecke, Spiegelung des Wasserbeckens
vor der Tür. Der Stundenschlag aus dem Dorf,
die heisere Glocke ohne Echo. Die erste Sonne
kommt durch einen Filter von Laub und ist grün.
Alice schläft. Ihr langes Haar auf dem Kissen.
Frisch trinkt den ersten Kaffee im Stehn.
Dann deckt er den Tisch in der Loggia.
Die Schreibmaschine wartet im Studio. Frisch
setzt sich hin, zündet eine Pfeife an, sinniert.
Nach einer Weile fängt er an zu tippen.
FRISCH Hänge ich am Leben? Ich hänge an
einer Frau. Ist das genug?[24]

Am BACH. Das Wasser ist so klar, dass man die Kiesel einzeln sieht. Max Frisch dazu. Er bückt sich, benetzt das Gesicht, trinkt einen Schluck. Er setzt sich und lässt die Haut trocknen. Er riecht die Luft. Er hört dem Rauschen zu.

Im RUSTICO jätet Alice in Überkleidern und mit Kopftuch den Garten: Brennnesseln, Löwenzahn, Moos. Eine Katze mit Namen Kitty strolcht herum. Frisch dazu.
    FRISCH *zärtlich* Good morning!
Keine Antwort.
    FRISCH *lauter* Good morning!
Alice schreckt auf.
    ALICE Oh hello!
Er tritt näher, um ihr ein Küsschen zu geben. Sie wendet sich ab.
    ALICE Not now I m sweaty.
    FRISCH This afternoon I will go to LOCARNO and pick up Peter. Can I bring you something from the town?
    ALICE Yeah ... you could buy some of these wonderful what s there name
    FRISCH Amaretti?
    ALICE Amaretti!

Auf dem Parkplatz vor dem BAHNHOF steht der
Jaguar. Max Frisch mit Amaretti nebendran.
Von den Geleisen her kommt Peter Noll.
Frisch sieht ihn zuerst.
> FRISCH Peter!

Er geht ihm freudig entgegen. Nolls Augen liegen
tiefer im Gesicht, sein Blick kommt von weit her.
Sie begrüssen sich per Hand – und Schulterschlag.
> FRISCH Gut siehst du aus wie geht s?
> NOLL *strahlt* Sehr gut!

Sie gehen zum Auto.
> NOLL Darf ich?
> FRISCH Nein im Tessin fahre ich selber.

Sie steigen ein und fahren ab.

Im Jaguar. Bei Cavigliano biegt man rechts ab ins
ONSERNONETAL. Eine enge Kurve nach der andern
führt durch eine Landschaft, die man guten Gewissens
als wildromantische bezeichnen darf.
> FRISCH Und wie geht s dir wirklich?
> NOLL Es ist ein Auf und Ab.
> FRISCH Hast du Schmerzen?
> NOLL Manchmal ist es happig. Ganz selten
> nehme ich Morphium Christoph hat mir
> das Rezept ausgestellt er lässt dich
> übrigens grüssen
> FRISCH Danke
> NOLL Aber selten.

Unter dem Tor wartet die HAUSHERRIN. Alice hat sich chic gemacht, sie trägt ein geblumtes Kleid und die Haare offen. Den Ausschnitt ziert eine smaragdfarbene Brosche. Frisch trägt Noll den Koffer.
>ALICE Welcome
>FRISCH May I introduce this is Peter my friend this is Alice
>ALICE Nice to meet you
>NOLL Thank you
>ALICE May I show you your room first so you can check in. Afterwords we ll take a drink in the garden
>NOLL With pleasure.

Frisch schaut ihnen nach, wie sie ins Haus gehen. Er lächelt selig.

Am STEINTISCH. Eine gekühlte Flasche Weisswein (FENDANT) steht bereit. Frisch bringt ein Tellerchen mit Antipasti und schenkt ein. Noll und Alice dazu.
>NOLL I just realized I m in an airplane. And I saw Max eating a sandwich
>FRISCH Do you remember the nurse?
>NOLL What nurse
>FRISCH She was very tough!

Alice umarmt ihn von hinten.
>ALICE *gespielt eifersüchtig* Why do you remember her

FRISCH Well she was very tough and managed the whole situation
NOLL What was her name?
FRISCH Eh... Gisela!
NOLL I would like to meet her may be she could help me one day.
Frisch greift zum Glas.
FRISCH To our friend... to Alice... to everybody.
Sie lassen die Gläser glöckeln.
ALICE I m back in a minute. *ab*
Die Herren schauen ihr mit Wohlgefallen nach.
Frisch: Du nimmst gell
NOLL Ja gern.
Er isst eine Olive. Vom Haus her ein gellender Schrei.
ALICE Max! Maax!
Frisch springt auf und rennt zum Haus. Vor der Kellertüre kämpft Alice gegen das Kotzen.
ALICE Look at this! Uää! Uää!
Frisch getraut sich rein. Die Tiefkühltruhe ist offen. Ein süss-fürchterlicher Gestank.
FRISCH Pfui Teufel
ALICE Uää!
Noll dazu.
FRISCH Ein Kalbsfilet. Ein Gigot. Vier Steak vier Schnitzel Hackfleisch acht Bratwürste
NOLL Was ist passiert?

FRISCH Alles vergammelt
NOLL Kann man da nichts mehr
FRISCH Nein! Wahrscheinlich hat der Blitz
eingeschlagen und eine Sicherung
verjagt. Fleisch für vierhundert Stutz!
Angeekelt wirft er die Beutel in den Wald hinunter.
Noll will ihm helfen.
FRISCH Das kann ich alleine!
ALICE You can t do that
FRISCH Somebody has to
ALICE Uää!
NOLL Uää!
Sie bekommen einen Lachanfall.
FRISCH Na ja wir werden s überleben.
Von jetzt an sind wir Vegetarier.

In der LOGGIA. Eine schwüle Nacht. Licht einer Petrollampe. Noll und Frisch ziemlich angesäuselt.
FRISCH Ich schiebe nur noch Buchstaben hin und her. Stundenlang. An etwas Grösseres mag ich gar nicht denken. Ich habe nichts mehr zu sagen. Ganz selten eine kleine Perle...
NOLL Lyrik?
FRISCH Wenn du so willst.

NOLL Zeigst du mir was?
FRISCH Jetzt?
NOLL Gerne.
Frisch beschwingt ab. Noll zündet eine Zigarette an. Ein fernes Wetterleuchten. Irgendwo klagt ein Käuzchen. Frisch zurück mit einem Blatt Papier. Es hat Buchstaben drauf.
FRISCH Willst du oder soll ich?
NOLL Wie du magst.
Ferne Blitze.
FRISCH *lauscht* Da kommt noch was.
Er setzt sich.
FRISCH Also. Das ist von gestern. «Mittage am Bach, das Wasser ist kieselklar, aber kalt, die Felsen sind warm von der Sonne und die Luft riecht nach Wald, nach Pilzen, man hört nichts als das Wasser und es gibt nichts zu denken.»
Schweigen.
NOLL Nichts zu denken?
FRISCH Genau.
NOLL Max das ist stark...
FRISCH Findest du?
NOLL Sackstark! In der letzten Zeile bringst du s auf den Punkt: «es gibt nichts zu denken» das ist es doch! Der Segen wenn man nicht mehr denken muss!

FRISCH Nichts gegen das Denken
NOLL Denken dürfen
FRISCH Ich denke gern
NOLL Na ja es gibt ein denken dürfen
und ein denken müssen und du
beschreibst den Zustand der Gnade
wenn man nicht mehr denken muss
sondern einfach da sein darf.
Das ist ein Gedicht.
FRISCH Findest du wirklich?

Es seicht im Tessin. Nicht so schlimm wie
im HOLOZÄN, aber es seicht. Auch vor der
Kellertüre, wo Frisch unter dem Kommando
von Alice eine Schaufel zur Hand nimmt.
Gegen den Regen schützt ihn eine
durchsichtige Plastikpelerine.
    ALICE It s a question of respect
    against nature. You have to bury it!
    Be careful darling.
Er macht sich auf den Weg und steigt hinunter
in den Wald. Ein Dschungel. Er stolpert und
schürft sich die Hand auf. Das Blut leckt er ab.
Immer wieder bleibt er mit der Pelerine hängen.
Endlich sieht er die Beutel. Er stochert daran
herum. Es wimmelt von Fliegen.

Auf der Loggia sitzt Noll und diktiert.
>   NOLL Alles Grüne wächst von selbst
>   Punkt Die Bocciabahn ist völlig
>   überwachsen Punkt Je länger Frisch
>   in New-York bleibt Komma desto
>   mehr muss er nachher roden Punkt.

Er stellt das Diktaphon ab und zündet eine an.
Er schaut in den Regen. Alice dazu. In ihrer
Linken baumelt eine Kette mit 108 hölzernen
Perlen.
>   ALICE Do I disturb you?
>   NOLL Not at all.

Sie setzt sich neben ihn. Sie lächeln sich an.
Sie werden wieder ernst und schauen zu
zweit. Alice beginnt, ein Mantra zu
murmeln.

Ein Sommertag wie aus dem Bilderbuch.
Die STADT RAPPERSWIL, ein alter Raddampfer,
kreuzt, von Möwen eskortiert, die Halbinsel Au.[25]
Im Heck feiert eine festliche Gesellschaft
den 80-sten der Mama Noll. Jemand spielt
Akkordeon. Umsorgt von Söhnen, Töchtern
und Grosskindern geniesst sie das Leben.
Ein Urgrosskind wird auch schon bewundert.
An der Reling stehen Christoph mit Frau und
Noll und stossen an mit einer Dame aus
Deutschland.
>   NOLL Schön dass du gekommen bist.
>   ALMUTH Zum Wohl.

Rebekka dirigiert die Entstehung einer Foto.
>   REBEKKA Alle Söhne und Töchter mit
>   Partnern neben die Grossmama!

Almuth ziert sich.
>   REBEKKA Mama du auch!

Noll streckt ihr die Hand hin und grinst, sie
klopft ihm scherzhaft auf die Finger. Sie stellen
sich auf, Noll direkt hinter seiner Mutter.
Sie spürt es und blickt hoch. Er legt ihr die
Hand auf die Schulter. Sie greift danach.
>   REBEKKA Achtung... jetzt nicht lachen
>   bitte. Ja nicht lachen!

Als ihre Eltern fröhlich lachen, knipst Rebekka.

Die Türme des Grossmünsters vergoldet.
Auf der Terrasse in der Altstadt sitzt erschöpft
Peter Noll und nimmt seine Tropfen.
Christoph lehnt am Geländer.
  CHRISTOPH Auf wie viele bist du?
  NOLL Zehn.
  CHRISTOPH *voll Bewunderung* Du bist so
  ein sturer Kerl. Im Januar hab ich gedacht
  sechs Wochen. Nach sechs Wochen
  bricht der psychisch zusammen. Jetzt
  sitzt du da wie wenn nichts wäre.
  NOLL Es ist schon was.
Schweigen.
  NOLL Was denkst du... wie es weiter gehen
  könnte...
  CHRISTOPH Es ist nicht auszuschliessen...
  dass die METASTASEN den Primärtumor
  überholen. Das wäre ein sanfteres
  Sterben.
  NOLL Aber?
  CHRISTOPH Wahrscheinlich macht doch
  zuerst die Blase zu.
  NOLL Und dann?
  CHRISTOPH Darfst du ja nicht ins Spital um
  irgend... das würde nur dein LEIDEN
  verlängern. Operieren macht keinen Sinn
  und du bist abhängig vom Personal...
  ich kenne Spitäler da musst du um
  die Spritze betteln
  NOLL Ich habe die Absicht zu Hause zu
  sterben.

CHRISTOPH Absichten sind das eine.
NOLL *nickt*
CHRISTOPH Aber das ist schon möglich.
Am Schluss brauchst du Hilfe. Jemanden
der dir Spritzen geben kann und darf.
NOLL Rebekka zum Beispiel?
CHRISTOPH Eher nicht. Nicht jemanden aus
der Verwandtschaft. *kleine Pause* Was hat
sie erzählt sie geht nach Polen?
NOLL *stolz* Ja.
CHRISTOPH Warum?
NOLL Der LIEBE wegen.
CHRISTOPH Ach wie schön.
NOLL Nachher will sie die Matura nachholen
und Jus studieren.
CHRISTOPH Ganz der Papa!
NOLL Strafrecht macht sie noch bei mir.
Schweigen.
NOLL Wie lange schätzt du ... kann man
den Schmerz beseitigen ... ohne dass
das Bewusstsein darunter leidet?
CHRISTOPH Bis kurz vor Schluss. Morphium
macht dich euphorisch. Wenn man noch
stärker dosiert kommen Halluzinationen
auf ... und irgendeinmal stirbst du ...
weil dein ganzer Körper versagt.
Noll schliesst lächelnd die Augen. In der Stadt
fangen die Kirchen an, mit den Glocken zu
läuten.

LEUTSCHENBACH. Der Sendeturm und der Kamin der Kehrichtverbrennung bilden die Silhouette der Agglomeration. Bus Nummer 81 hält an.
Als einziger Gast steigt Peter Noll aus.
Er geht Richtung FERNSEHEN DRS.

Vor seinem Büro wartet der Redaktor. Noll kommt den Gang entlang, in guter Haltung, aber langsam.
REDAKTOR Grüezi Herr Professor
NOLL Noll genügt
REDAKTOR Hostettler. Darf ich ihnen einen Kaffee anbieten?
NOLL Nein danke.
REDAKTOR Bitte.

Er lässt Noll den Vortritt. Sie nehmen Platz im kleinen Büro des Redaktors[26], er hinter dem Schreibtisch, Noll davor. Der Redaktor greift zum Manuskript.
REDAKTOR DIE TROMPETEN VON JERICHO. Danke dass sie uns das geschickt haben darf ich fragen wann haben sie es geschrieben?
NOLL Vor etwas über zwanzig Jahren.
REDAKTOR Aha. Und es wurde nie aufgeführt?
NOLL Leider nicht.
REDAKTOR *kleine Pause* Es ist brillant!
NOLL Oh danke ...

REDAKTOR Sie schreiben glänzende Dialoge Herr Noll es ist gescheit und witzig für mich ist das so gut wie Dürrenmatt
NOLL Aha
REDAKTOR So gut wie Dürrenmatt aber! Jetzt kommt ein grosses Aber. Wir sind eine kleine Anstalt. Unsre Mittel sind beschränkt. Jetzt schaun sie mal die Besetzung an
NOLL Ich weiss
REDAKTOR GOTT zugleich Autor des Stücks das ist natürlich witzig. Aber dann: Jobab König von Jericho. Die Exkönige: Sihon von Hesbon. Og von Basan. Japhia von Lachis. Debir von Eglon. Uri von Ur mit 26 Gattinnen!
NOLL Man kann natürlich
REDAKTOR Rahab die Hure von Jericho! Zoa ihre Zofe. Kabu Polizeipräsident. Kuruk Rahabs Diener. Kerim ein Notar. Josua Führer der Juden. Gabriel Josuas Neffe vielleicht auch ein Engel. Sieben Priester! Posaunisten. Musiker. Boten Wachen Soldaten Frauen und Kinder: Wir sind eine kleine Anstalt Herr Professor. Das Stück ist zu gut für uns. Schicken sie es nach Rom! Das ist etwas für Cinecittà!
Er gibt ihm aufmunternd das Manuskript zurück.

NYC. Im Washington Square tanzt hingegeben
eine Gruppe junger Mönche und Nonnen,
in wallenden, weissen oder safranfarbenen
Gewändern. Die Männer haben Glatzen und
am Hinterkopf ein Schwänzchen. Am Boden
sitzen ROBERT, ein Mann aus Irland, mit den
Glöckchen und CHANDRIKA, eine sanfte
schöne Inderin, am Harmonium. Innig loben
sie GOTT mit folgenden Worten:

HARE KRISHNA HARE KRISHNA
KRISHNA KRISHNA HARE HARE
HARE RAMA HARE RAMA
RAMA RAMA HARE HARE

Alice schlendert dazu.[27] Robert lächelt sie an.
Sie lächelt zurück und fängt an, mitzutanzen.

In der LOFT sitzt Max Frisch mit einer Erkältung
auf dem Sofa und sucht ein Wort im Collins.
Alice bringt ihm fröhlich Tee mit Zitrone.
Sie umarmt ihn von hinten.[28]
    FRISCH SURRENDER Moment. Hier: 1 sich
ergeben 2 ausliefern 3 sich einer Sache
hingeben
    ALICE They are so HAPPY and POWERFUL
    FRISCH Sich hingeben

ALICE Yeah in the sence of to serve.
They serve Krishna. They don t take
any drugs they are vegetarians
FRISCH Krishna
ALICE Krishna is the supreme Godhead.
He ist the origin of all
FRISCH I see
ALICE Look what I bought.[29]
Sie setzt sich zum ihm und zeigt ihm begeistert
das Buch, das sie gekauft hat. Ein Bild zeigt
KRISHNA mit der blauen Haut, umgeben von
Pfauen, in einer idyllischen Landschaft.
ALICE The Bhagavad-Gita. The bible
of India.
FRISCH *mürrisch* I see.

Same place some days later. Man würde die
LOFT fast nicht mehr kennen, so sauber ist sie.
Und aufgeräumt. Schalen mit Früchten und
Gemüse. Wasser, Fruchtsäfte, Fladenbrot und
Süssigkeiten. Räucherstäbchen gegen den
Gestank. Es hat auch keine Aschenbecher mehr,
ausser dem, der neben Frisch am Boden steht.
Er hockt hässig im Sessel, nuckelt an der Pfeife
und hat schon ziemlich Öl am Hut. Alice, Robert
und Chandrika sitzen auf dem Teppich.
ROBERT Do you really think life in the
UDSSR is better than in America?
FRISCH Who told that?

ROBERT Alice said you are a kind of communist.
FRISCH I m just a socialist but I think we all should try to have a vision
ROBERT That s what we have
FRISCH Not reincarnation
ROBERT Krishna is the Supreme
FRISCH A political vision! And not this spiritual bullshit!
ALICE *scharf* Max! What did you ever do in your life to make this planet a better place to live!

Sie steht abrupt auf und nimmt den Mantel.

ALICE Let s go. *zu Frisch* You definitely drink too much.

Ab. Die andern hinterher.

CHANDRIKA *unter der Türe* Have a nice evening Sir.

Frisch stützt den Kopf in die Hände.

FANELLI. Die Kellnerin, die Schauspielerin werden will oder ist, bringt Wasser für Alice und für Frisch einen Tee. Alice schaut bleich und verweint zum Fenster hinaus. Er ist auch nicht der Munterste.

FRISCH I m so sorry. I felt like uncle Vanja.
ALICE Uncle who?
FRISCH Vanja in the play of Cechov.
ALICE But you aren t uncle Vanja Max. You are the old professor.

TRIEMLI-SPITAL. Nacht. Der Citroen kurvt an allen Verboten vorbei über die Zufahrt zum Notfall und bleibt direkt neben einem Fahrzeug der AMBULANZ stehen. Noll torkelt aus dem Wagen. Ein PFLEGER rennt auf ihn zu.
> PFLEGER Sie dürfen die Karre nicht hier stehen lassen
> NOLL Ich bin ein Notfall
> PFLEGER Die wird abgeschleppt
> NOLL Da!

Er gibt ihm den Autoschlüssel und hastet weiter.

NOTFALL.[30] Unter Neonlampen stehen Betten nebeneinander, nur durch Vorhänge getrennt. Aus dem einen stöhnt es, aus dem andern flucht es, es wimmert und es schnarcht. Noll liegt zur Blasenspiegelung am Katheder. Er diktiert.
> NOLL Hallo Lou da bin ich wieder. Zürich Komma Triemlispital Punkt *erschöpft* Ach was soll s. Hör dir das an.

Er richtet das Diktaphon auf einen Spalt im Vorhang, durch den er fragmentarisch erkennt, was abgeht.
> ARZT Magenvergiftung? Finger in Hals! Geht nicht?

Eine Schwester mit Flasche hastet vorbei.

SCHWESTER Nicht aufstehn
PATIENT Ich muss aber hinten
SCHWESTER Dann hol ich den Topf!
Sie wischt wieder vorüber.
ARZT Was haben sie gegessen?
Herbstzeitlosen? Um diese
Jahreszeit?
Die Schwester zurück.
SCHWESTER Nicht aufstehn
PATIENT Ich muss auf s Klo
SCHWESTER Sie dürfen nicht
PATIENT Lasst mich aufstehn gopferdami!
Noll versucht verzweifelt, nicht zu lachen.

ALTSTADT. Ein PUDEL[31] macht den Rücken krumm. Sein FRAUCHEN, eine elegante Dame mit Stöckelschuhen, steht daneben. Er setzt einen auf s Pflaster. Sie tätschelt ihm den Kopf und packt das PRODUKT in ein Säcklein. Rebekka kommt vom NEUMARKT her mit einer vollen Einkaufstasche. Mit dem Schlüssel öffnet sie die Türe.

Die WOHNUNG ist leer.
REBEKKA Papa! Papa!
Im Schlafzimmer ist er auch nicht.

Peter Noll sitzt auf einer Bank in einem PARK
in der Nähe. Über dem Pyjama trägt er nur
den Regenmantel. Er zittert und schwitzt.
Ein POLIZIST und eine alte PASSANTIN[32]
kümmern sich um ihn. Sie führen ihn den
Neumarkt hinunter, wo ihnen aufgeregt
Rebekka entgegen kommt.
> REBEKKA Papa! Du darfst nicht mehr
> alleine raus
> NOLL Ääh!

Sie führen ihn zu dritt vor s Haus. Er schwankt
und atmet schwer.
> POLIZIST Soll ich die Ambulanz
> REBEKKA Neinnein es geht! Vielen Dank.
> Und ihnen auch.
> PASSANTIN *würdig* Gern geschehn.

TREPPENHAUS. Zum Glück hat s ein Geländer.
Noll vorne und Rebekka hinten.
> REBEKKA Geht s?
> NOLL Hast du die Zigaretten?
> REBEKKA Ja pass auf!

In der STUBE vor dem Büchergestell.
> NOLL Ich habe aussortiert.

REBEKKA Zieh zuerst
NOLL Diese Beige ist für Mama
REBEKKA Zieh zuerst
NOLL und die da ist für Christoph
REBEKKA Zieh den Mantel aus!
Sie hilft ihm dabei.
REBEKKA Und jetzt ins Bett aber subito!
Er gehorcht.

SCHLAFZIMMER. Noll bleibt stöhnend auf dem Bettrand sitzen.
REBEKKA Hast du Schmerzen?
NOLL Ich verrecke fast.
REBEKKA Nimm die Tropfen
NOLL Sie wirken nicht mehr ich brauch ein neues Rückenpflaster.
REBEKKA Wart ich helfe dir.
Sie hilft ihm, die Jacke auszuziehen. Er legt sich auf den Bauch. Sie schränzt das Rückenpflaster weg, sie klebt ein neues auf und zieht die Jacke wieder an.
NOLL Danke.
REBEKKA Und?
NOLL *sinkt zurück* Wenn ich nur schlafen könnte. Wenn ich nur ewig schlafen könnte.

Und wieder die gewaltige Musik von BACH.
Dazu ein HERBSTTAG von einer roten, gelben,
grünen, goldenen Pracht. Der JAGUAR[33] gondelt
über Forch und Pfannenstiel zum Restaurant
BUECH. Er hält vor der Wirtschaft.
Max Frisch geht ums Auto herum und hilft
Peter Noll beim Aussteigen. Der wehrt sich
nicht mehr. Zwar ist er geistig wach, aber er
macht alles ganz langsam. Frisch passt sein
Tempo an, geht mal voraus, kickt in einen
Haufen dürres Laub und wartet wieder. Er hält
Noll die Türe auf und lässt ihm den Vortritt.

Die WIRTSTUBE mit Blick auf den herbstlichen
See. Die Herren nehmen am Fenster Platz.
Der Tisch ist gedeckt, das Blumensträusschen
fehlt nicht, und der Aschenbecher steht bereit.
Frisch will Noll helfen mit dem Stuhl, aber er
lehnt dankend ab. Die WIRTIN bringt die
Weinkarte.
    FRISCH Ich zahle.
    NOLL Kommt nicht in Frage.
Die Herren blättern. Die Wirtin ist eine Meisterin
im Warten.
    NOLL Leichter Roter?

FRISCH Leichter Roter! DAGMERSELLER
... hast du das schon jemals gehört: Dagmerseller?
NOLL Nein.
FRISCH Woher kommt der Dagmerseller?
WIRTIN Aus Dagmersellen.
FRISCH Ja schon aber wo liegt das?
WIRTIN Im Schweizer Mittelland.
FRISCH Was meinst du?
NOLL Meinetwegen ...
WIRTIN An einem schönen Südhang!
FRISCH Einen halben!
Wirtin ab. Die Herren greifen zu den Utensilien.
FRISCH Dagmersellen?
NOLL Dort gab s mal eine Schlacht im Bauernkrieg Katholiken gegen Protestanten
FRISCH Du meinst Villmergen!
NOLL Genau. Ich meinte Villmergen.
Sie rauchen schweigend. Die Wirtin bringt den Wein im Fläschchen und schraubt den Deckel auf.
FRISCH Wo im Mittelland liegt Dagmersellen?
WIRTIN Im Wiggertal.
NOLL UND FRISCH *unisono* Im Wiggertal![34]

Die Wirtin schenkt ein und verteilt Speisekarten.
  WIRTIN Besonders empfehlen kann ich
  unsre frischen Pfifferlinge.
  FRISCH Mhm fein!
Die Wirtin ab. Frisch und Noll kosten einen Wein,
der nicht ganz überzeugt. Darauf widmen sie sich
der Karte.
  FRISCH Was nimmst du?
  NOLL Ach ich weiss nicht... ich habe keinen
  Appetit mehr... auf Fleisch schon gar
  nicht
  FRISCH Nimm die Pfifferlinge!
  NOLL *abwesend* Jaja vielleicht
  FRISCH Als Vorspeise und nachher ein
  Fischlein! Eglifilet mit Zitrone!

Familienrat in der STUBE in der Altstadt.
Die Stimmung ist ernsthaft und gedämpft.
Man spricht leise, weil Noll im Bett liegt.
Almuth ist bei ihm. In der Stube Christoph,
Rebekka und GISELA.
  CHRISTOPH Auf wieviel ist er?
  GISELA 40 Milligramm.
  CHRISTOPH Alle sechs Stunden?
  GISELA Alle vier.[35]
  CHRISTOPH Schon!
  GISELA Aber nach drei Stunden kommt
  er wieder zu sich wälzt sich stöhnt
  und will mehr.

CHRISTOPH Und die Rückenpflaster?
REBEKKA Nützen nichts mehr.
Schweigen.
GISELA Ich kann den Mann nicht einfach totspritzen!
CHRISTOPH Geben sie ihm was er will
GISELA Aber
CHRISTOPH Was er will und wann er es will das ist eine ärztliche Anweisung!
Schweigen.
CHRISTOPH Wer hat Dienst?
REBEKKA Bis um zehn Uhr Gisela und ich mache die Nacht. Ich möchte gerne bald nach Hause um etwas vorzuschlafen.
CHRISTOPH Ich muss heute noch zurück nach Basel. Und Almuth?
Rebekka geht zum Zimmer und öffnet die Türe einen Spalt breit.
REBEKKA Mama?

Almuth deutet ihr, sie solle sich einen Moment gedulden. Rebekka schliesst die Türe wieder. Im Schlafzimmer liegt Noll müde, aber entspannt im Bett. Almuth hält seine Hand.
NOLL *flüstert* Ich habe so viel Scheisse gebaut
ALMUTH Ach komm
NOLL Dochdoch

ALMUTH Das ist Scheisse von gestern.
streichelt seine Wange Ich liebe dich
Peter.
NOLL Das kann ich jetzt grad sehr gut
brauchen.
Sein schwaches, aber freches Lachen.
ALMUTH Dann geh ich mal.
NOLL Ja.
Sie küsst ihn.
NOLL Wann kommst du wieder?
ALMUTH Morgen.
NOLL Was ist morgen?
ALMUTH Freitag.
NOLL Schon?
ALMUTH *ab*

Und zurück in die Stube.
ALMUTH Es geht ihm gut im Moment.
Wer übernimmt?
Rebekka deutet auf Gisela.
ALMUTH Sie machen das sehr gut.
GISELA Danke.
Alle ab. Gisela stellt Tassen und Gläser in die
Küche. Sie öffnet behutsam die Türe. Noll schläft.
Sein Gesicht ist alterslos geworden.

Donnerstagabend gegen Mitternacht. Rebekka
sitzt vor dem Cheminée und studiert das TELE.
Noll döst auf dem Sofa, Zeitung auf den Knien.

REBEKKA Glenn Gould ist gestorben.
NOLL Was! Wie alt?
REBEKKA Mit fünfzig.
NOLL Woran?[36]
REBEKKA Das schreiben sie nicht aber aus diesem Anlass zeigen sie heute um viertel nach elf seine letzte Einspielung der Goldberg-Variationen.
NOLL Stell sofort die Kiste an!
Noll ist hellwach. Sie kommen gerade noch rechtzeitig zur 25. Variation, in der Gould fast schmilzt vor Disziplin und Ekstase. Noll summt hingerissen mit. Rebekka beobachtet ihren Papa, gerührt und bewundernd.
Nach Mitternacht. Im Bett. Noll keucht und wirft den Kopf hin und her vor Schmerz und Verzweiflung.
NOLL Luft
REBEKKA Papa
NOLL Ich ersticke
REBEKKA Ich darf nicht Papa
NOLL Spritze
REBEKKA Ich kann s nicht und ich darf s nicht wir versuchen es nochmal oral
NOLL Wieso holt mich da niemand raus!

Im Lampenlicht erscheint ein Vogel auf dem
Gestell mal als Buddha, mal als grosser Affe,
als Teufel oder Gott...
>   NOLL Der holt mich jetzt
>   REBEKKA Schlucken
>   NOLL Was soll ich tun
>   REBEKKA Schlucken
>   NOLL Was soll ich tun! Was soll ich
>   tuun!
Er heult auf. Rebekka zwingt ihn in die Arme.
>   REBEKKA Unser Vater der Du bist im
>   Himmel
>   NOLL Moo
>   REBEKKA Dein Name werde geheiligt
>   Dein Reich komme Dein Wille geschehe
>   auf Erden wie im Himmel
>   NOLL Mehr Mooo
>   REBEKKA Sein Wille Papa
>   NOLL Da ist doch einfach nichts mehr
>   REBEKKA Da ist nicht nichts
>   NOLL Gar nichts ist mehr...
Er wird ohnmächtig.[37]

Der NEUMARKT am nächsten Morgen. Die ersten
Läden gehen auf. Eine Strassenputzmaschine.
Dahinter taucht Max Frisch auf, der zügig Richtung
Spiegelgasse stapft und klingelt. Er schaut ans
Haus hinauf. Ein Fenster öffnet sich.
>   REBEKKA Da!

Sie wirft den in Papier gewickelten Schlüssel
herunter. Frisch versucht, ihn zu fangen.
Er fällt auf s Pflaster direkt neben ein Gulli.
Frisch liest ihn auf, wickelt ihn aus und steckt
ihn ins Schloss.

In der Stube schlottert Noll im Morgenrock auf
dem Sofa. Er atmet schwer. Mit der einen
Zigarette zündet er die nächste an.
    NOLL Wo ist Rebekka?
Almuth setzt sich neben ihn.
    ALMUTH Trink Wasser Peter
    NOLL Wo bleibt die so lange
    ALMUTH Sie kommt gleich wieder.
Er tastet auf dem Tisch herum.
    FRISCH Was suchst du?
    NOLL Den Aschenbecher!
    FRISCH Da.
Auf dem Tisch steht einer. Noll drückt die
Zigarette aus.
    ALMUTH Setz dich Peter setz dich.

Zur Tür herein kommen Rebekka und Lou.
Almuth macht gelbe Augen, aber nur für eine
Sekunde. Noll hat keine Ahnung, wer das ist.
Um so grösser die Freude, als sie sich zu ihm
bückt und ihn umarmt *das Parfum erkennt er*.
Almuth rückt zur Seite, damit auch Lou sich
setzen kann.

Max Frisch blickt seufzend auf die Uhr.
> FRISCH So ich sollte.
> NOLL Wann fliegst du?
> FRISCH Um elf checke ich ein.
> NOLL Musst du wirklich wieder auf dieses verdammte New-York?
> FRISCH Ja.
> NOLL Warum?
> FRISCH Frag etwas Einfacheres.

Er steht auf und umarmt ihn.
> FRISCH *zu Lou* Äxgüsi. *zu Peter* DU WEISCH DASS ICH DICH GERN HAN.[38]
> NOLL ICH DANK DIR FÜR DIE ZYT.
> FRISCH Uf widerluege mitenand.

Rebekka begleitet ihn zur Tür.
> REBEKKA Raus kommt man ohne Schlüssel.
> FRISCH Wiedersehn Rebekka.
> REBEKKA Auf Wiedersehn.

KLOTEN. Max Frisch an der Passkontrolle. Zwar zeigt er beflissen die beiden blauen Dunhill-Dosen, aber es nützt nichts: er wird nach Waffen abgetastet.

Im Flieger doziert eine STEWARDESS die
Kunst, eine gelbe Schwimmweste korrekt zu
montieren. Frisch sieht das nicht zum ersten
Mal, trotzdem schaut er mit Wohlgefallen zu.
Er fliegt Business-Class. Der Start wird um
ein paar Minuten verschoben; Zeit für Leitartikel
und den ersten Whisky. Die KOLLEGIN bringt
das Gewünschte.
Endlich: FASTEN YOUR SEATBELT!
Das Rumpeln. Die Beschleunigung. Wolken
huschen vorbei und man darf wieder rauchen.
Etwa über Labrador döst er ein. Da hört er
eine zarte Stimme.
    KOLLEGIN Herr Dürrenmatt!
Frisch zuckt zusammen.
    KOLLEGIN Meine Kollegin hat alles von
    ihnen gelesen aber sie traut sich
    nicht zu fragen...
Hinter einem Vorhang kichert die Dozentin.
    KOLLEGIN Würden Sie ihr ein Autogramm
    geben?
    FRISCH Ja gerne.

Das Gesicht von Noll. Die Wangen eingefallen,
die Nase spitz und blutleer. Er keucht.
Christoph sitzt bei ihm.
    CHRISTOPH Hast du Durst?

Noll nickt. Der Bruder befeuchtet ihm mit
einem Wattebausch die Lippen. Dann
steht er behutsam auf. In der Stube weint
Rebekka leise in den Armen ihrer Mutter.
Christoph dazu.[39]
> CHRISTOPH Er hat jetzt sicher keine
> Schmerzen. Aber es kann dauern.
> Das kann noch stundenlang dauern.
> Hat jemand ein Sandwich?

Aus der Küche kommt Gisela mit einem Teller.
> CHRISTOPH Danke. *isst* Wann hat er
> die letzte bekommen?
> GISELA Vor zwei Stunden.
> CHRISTOPH Dann haben wir ein Weilchen
> Ruhe.
> GISELA Und dann?
> CHRISTOPH Bekommt er wieder eine.

Rebekka sitzt neben ihrem Vater und netzt
ihm die Hand mit Tränen. Noll stöhnt unter
schweren Träumen. Christoph dazu.
Er fasst Rebekka um die Schulter.
Sie richtet sich auf.
> CHRISTOPH Nicht zu fest Rebekka. Nur
> ganz sachte. Peter will jetzt gehen.
> Nicht halten. Nicht von oben.
> REBEKKA Wieso?
> CHRISTOPH Halte deine drunter. So.

Er zeigt ihr, wie man Sterbenden die Hand
hält. Die Hand von Rebekka. Die von Peter
Noll, dünn und weiss, liegt oben auf.
> CHRISTOPH Peter hörst du mich?

Ein Nicken mit den Lidern.
> CHRISTOPH *ins Ohr* Ich gehe jetzt ich
> muss morgen wieder arbeiten.

Ich wollte dir nur sagen wie stolz
ich bin. Wie stolz dass ich so einen
Bruder habe. *ab*

In der Stube kuschelt Almuth auf dem Sofa mit
einem Kissen. Aus dem Zimmer stöhnt es.
Die Stimme von Rebekka:
> REBEKKA *off* Papa! Papa!

Gisela sucht den Blick des Arztes. Er nickt.
Dann küsst er Almuth auf die Wange und
verlässt die Wohnung. Gisela ins Zimmer.
Noll windet sich vor Schmerzen.
> NOLL Mehr
>
> GISELA Hilfst du mir?
>
> REBEKKA Was soll ich
>
> GISELA Du kannst ihm die Pyjamahose
> runter ziehn.
>
> NOLL Moo... mehr...

Gisela injiziert die Spritze.
> GISELA Und jetzt decken wir Sie wieder zu.
> Tief atmen Herr Noll tief atmen.

Sie betten ihn sanft wieder hin. Gisela ab.

Rebekka beobachtet ihren Papa. Er atmet
in immer grössern Abständen. Sie greift
zur Bibel. Sie legt sie wieder weg.
Almuth dazu. Sie setzt sich auf den zweiten
Stuhl, verbirgt das Gesicht in den Händen.
Noll... es ist kein Atmen mehr.
Es ist ein Schnappen. Ein Schnappen
nach Luft, ein Fisch auf dem Trocknen.
Ein Rasseln, ein Keuchen, ein Korcheln.
Mit immer grösseren Pausen.
Und dann ist sie da: Die letzte Sekunde.
Rebekka schaut ganz genau hin. Es ist
tatsächlich nur noch ein Ausatmen.
Und dann nichts mehr. Stille.
Rebekka berührt den Arm ihrer Mutter.
    REBEKKA *flüstert* Mama.
Sie schauen beide. Nach einer Weile geht
ein leises Zucken durch den Körper.
Und dann ist es definitiv.

GROSSMÜNSTER. Frisch auf der Kanzel.
    FRISCH Kein Antlitz in einem Sarg hat mir
    je gezeigt, dass der Eben-Verstorbene
    uns vermisst. Das Gegenteil davon ist
    überdeutlich. Wie also kann ich sagen,
    immer grösser werde mein Freundeskreis
    unter den Toten?

Der Verstorbene überlässt mich der
Erinnerung an meine Erlebnisse mit ihm
... drei Abende am Nil, ja, oder dieses
letzte Mittagessen auf dem Pfannenstiel
... Er hingegen, der Verstorbene, hat
inzwischen eine Erfahrung, die mir noch
bevorsteht und die sich nicht vermitteln
lässt – es geschehe denn durch eine
Offenbarung im Glauben.
Er legt die Blätter ins Mäppchen zurück.
Die Orgel setzt ein.

Ein grauer Herbsttag. Vor der Kirche. Mama Noll,
Almuth und Christoph nehmen Kondolationen
entgegen. Viel Ernst und gefasste Gesichter.
Frisch steht etwas abseits und stopft sich die
Pfeife. Rebekka findet seinen Blick. Sie stürzt
ihm in die Arme und schluchzt auf. Etwas
ungeschickt *die Pfeife stört*, verlegen, aber
auch geschmeichelt, tätschelt er ihr den
Rücken.

Die KRONENHALLE ist am Nachmittag fast leer.
Unter der PATRONNE sitzt Max Frisch vor einem
Kaffee crème. Schnurri schwungvoll herein.
Mario wieselt ihm entgegen.
> MARIO Buon giornio signore Snurrenberg
> SCHNURRI Bonschorno. Dasselbe wie Mösjöh
> und zwei Stück Zwetschgenkuchen
> FRISCH Ich nehme keinen
> SCHNURRI Du musst
> FRISCH Ich hasse Zwetschgenkuchen
> SCHNURRI Egal.

Er hockt zu ihm hin.
> SCHNURRI Gut hast du geredet wirklich!
> FRISCH Merci.
> SCHNURRI Ich nehme an das gibt es auch
> noch schriftlich.
> FRISCH Da.

Er gibt ihm das Tiposkript.
> SCHNURRI Wie ist das nun genau? Das ist
> das Nachwort. Das habe ich begriffen.
> Und jetzt soll dieses Stück auch noch
> mit hinein?
> FRISCH Jawohl.
> SCHNURRI Am Schluss?
> FRISCH Ja.

SCHNURRI DIE TROMPETEN VON JERICHO?
FRISCH Genau
SCHNURRI Sieben Priester die unter Leitung eines Propheten mit Namen Josua sieben Tage lang um die Stadt herum marschieren Trompete blasen und die Mauern stürzen ein was soll das!
FRISCH Weiss ich auch nicht.
SCHNURRI Hast du das verstanden?
FRISCH Nein.
SCHNURRI Das intressiert doch keine Sau!
FRISCH *heiliger Zorn* Kommt nicht drauf an das kommt ins Buch!!
SCHNURRI Ist gut!

Mario bringt den Kaffee. Die beiden Kuchenstücke stellt er Signore Snurrenberg vor die Nase. Frisch behändigt eines.

FRISCH Und etwas kannst du dir hinter die Löffel schreiben Schnurri: Wenn du nicht spurst habe ich sofort einen andern Verleger!
SCHNURRI Ist ja gut! Guten Appetit.

Sie fangen mürrisch an zu essen.

Ein grauer Herbsttag. Um die mächtigen Doppeltürme des GROSSMÜNSTER kreischen die Möwen.
Keine Musik mehr.

Anmerkungen

1 Genauer: Den Übergang vom «Sepultus est» zum «Et resurrexit».

2 Was hat er gegessen? S Gschnätzlete mit Röschti? Roastbeef Gratin Dauphinois? Da ich nicht dabei war, kann ich nur raten. Wahrscheinlich nichts Gesundes.

3 Die Sprache des Films ist züritüütsch. Natürlich kann man die auch übersetzen (wie man englisch übersetzen kann und russisch). Aber in den Schweizer Kinos läuft der Film im Dialekt. Warum? Weil Genauigkeit in sprachlichen Belangen Voraussetzung ist für Qualität. Max Frisch hat es auf den Punkt gebracht (wahrscheinlich aus der Erfahrung des missglückten «Zürich-Transit» von Erwin Leiser 1966): Wenn zwei Schauspieler miteinander hochdeutsch sprächen, auf der Gemüsebrücke, vor der Silhouette des Grossmünster, seien das deutsche Touristen.

4 Diskret begleitet vom Sohn, dem Kunst- und Seidenhändler Gustav Zumsteg (ca. 70), einem eleganten Bonvivant.

5 Gekauft für CHF 31 000.– im Jahre 1967. Ein immer noch gediegener Wagen. Frischs Verleger Siegfried Unseld hatte auch so einen. Wahrscheinlich finanziert mit den Tantièmen von «Andorra» und den Honoraren für «Mein Name sei Gantenbein». (Es ist eine Krux mit den sozialistischen Dramatikern! Brecht zum Beispiel: «Die Dreigroschenoper» führte zum mondänen Cabriolet der Marke «Steyr». Und Arthur Miller hatte nach dem Knüller von «Death of a salesman» nichts Schlaueres zu tun, als einen «Ford Thunderbird» zu kaufen und mit Marilyn Monroe darin herumzugurken.) Apropos: Den Jaguar gibt s noch. Behaupte ich mal. Ohne zu wissen wo er steht (in einer Berliner Garage?), ob er noch fährt und wieviele Kilometer er inzwischen drauf hat. Aber ich weiss wem er gehört.

6 Dort ist auch die Badeanstalt, die M.F. geplant und 1948/49 als Architekt hat bauen lassen. Ob man den Zehnmeter-Turm von der Strasse her sieht, weiss ich nicht... im Winter möglicherweise schon.

7 Das darf man nicht unterschätzen. «Ein Leser genügt» postuliert Ludwig Hohl in seinen «Notizen». Gut... für einen Schriftsteller ist das etwas mager. Aber in der Situation Peter Nolls ist dieses Angebot ein grossherziges Geschenk: Ich nehme mir Zeit für dich. Ich nehme dich wahr.

8 Nachzulesen in «Entwürfe zu einem dritten Tagebuch» von Max Frisch, erschienen nach zwanzigjähriger Sperrfrist im Jahre 2011 im Suhrkamp-Verlag. Seiten 7 und 44.

9 Nachzulesen in «Diktate über Leben & Tod» von Peter Noll, pendo-verlag zürich, 1983. Seite 36 Mitte bis 37 oben: «Ich hatte so etwas noch nie erlebt, aber schon lange irgendwie erwartet, und es war gut, dass sich alles von selber ergab.» Schloss Gripsholm lässt grüssen.

10 «dass ich meinen Entscheid kassiere» – (Seite 14 Zeile 23) kassiere? Wohl im Sinne von «bedaure», «bereue».

11 Ist das ein Wasserturm? Ansonsten gab s nichts zu erfinden: Die Szene entstammt dem Buch «MAX FRISCH sein Leben in Bildern und Texten» von Volker Hage, Suhrkamp-Verlag 2011. Fotografin: Sigrid Estrada.

12 «Entwürfe» Seite 148: «Ob man es schon sieht? Die Hand zittert nicht, ich stolpere auch nicht oder selten. Heute habe ich wieder mal mein Portemonnaie in einem Geschäft liegen lassen. Nach einer Stunde ist es aber noch da. Eine gelassene Panik als Grundzustand.»

13 Für Mediziner (die Computertomographie wurde erst seit kurzem diagnostisch eingesetzt) ein Ausschnitt aus der Beurteilung des Röntgenologen: «Blasentumor im Bereich des linken Ostium mit Hydro-Ureter (gestautem Harnleiter). Der Tumor hat die Blasenwand vollständig durchwachsen, nicht aber die perivascale Fettebene infiltriert. Er dehnt sich intramural (in der Blasenwand) gegen den Blasenboden aus, wo seine Begrenzung nicht eindeutig auszumachen ist.» (Diktate Seite 55)

14 Spiegelgasse? Richtig: Dort wohnte und schrieb auch Lenin. An der Nummer 14. Vom 21. Februar 1916 bis am 2. April 1917, wie eine Tafel uns mitteilt. Um dann in einem plombierten Waggon nach Russland zurück zu reisen und seine Ideen praktisch zu erproben.

15 Frühling! Die Jahreszeiten spielen mit im Film. Der WINTER wird zum FRÜHLING, es wird noch einmal SOMMER und dann HERBST. Die Produktion hat also vier Drehphasen! (auch wenn es Produzenten geben mag, die, um zu sparen, fragen, ob es nicht auch mit zweien ginge. Nein geht es nicht! Schande über euch.)

16 «Ich eben auch nicht». Die nachträgliche Verifikation findet sich in einem Interview von Frisch mit Volker Hage (Frankfurt, 30. August 1981): «Ich war noch nie in Ägypten. Vor dreissig Jahren hätte ich das unbedingt gewollt. Aber Ägypten wird wohl auf mich verzichten müssen.»

17 Was kostet dieser Film? Über den Daumen gepeilt: 4 Millionen. Euro oder CHF. Nicht zu vergessen: es ist ein historischer Stoff. Eine halb dokumentarische Mischung von Fiktion und realem Geschehen ist nicht möglich, da es 1982 keine Handies gab.

18 Eine sehr dunkle Brille natürlich. Max Frisch bin ich einmal begegnet, ohne dass es zum Gespräch gekommen wäre. In der Kronenhalle sass er mit einem andern alten Mann unter ... einem Impressionisten ... ich in Begleitung einer jungen, schönen Frau aus dem Wallis, und er verrenkte sich fast den Hals, weil er sie immer anschauen musste. Als wir gingen, sagte ich: Adiö Herr Frisch. Und er sagte: Adiö mitenand! und zwinkerte mir zu, ich schwöre es!

19 Der Name des Chefarztes jener Zeit verdient eine Erwähnung: Professor Haemmerli war einer der ersten Mediziner, der bei morituren Patienten auf eine künstliche Ernährung verzichtete. Er musste sich damals gegen die Unterstellung wehren, er lasse seine Patienten verhungern. Peter Noll war ihm in Sympathie verbunden.

20 Michel de Montaigne. Am 1. März 1580 erschienen die «Essais» in Bordeaux... vierhundert Jahre später vermochten sie einen Schwerkranken zu trösten. Auch Frisch verehrte Montaigne, den er am Anfang von «Montauk» zitiert: «Dies hier ist ein aufrichtiges Buch, Leser.» Woraus sich schliessen lässt, dass die gemeinsame Wertschätzung eines Dichters der Freundschaft Nahrung ist.

21 Dramaturgisch geschulte Leser, die an Dinge wie «plot point» usw. glauben, seien darauf hingewiesen, dass wir in der Mitte des Films angelangt sind. Ich schliesse nicht aus, dass Noll dem Sog nachgegeben hätte, wäre er nicht gestört worden.

22 Zweifel an dieser Dialogpassage: Wer versteht heute noch das Wort «Agape»?

23 «Das Haus, ein altes Gemäuer, das ich vor siebzehn Jahren habe ausbauen lassen, hat vier Zimmer und ein Kämmerlein, eine Loggia, eine zu kleine Küche, zwei Bäder, im Keller auch eine Sauna; neben dem Haus steht ein Stall, dreistöckig, so dass er wie ein kleiner Turm aussieht, umgebaut zum Studio; alle Räume sind heizbar.» (M.F. «Entwürfe»). Steht das noch? Das steht sicher noch! Da könnte man im Originaldekor drehen... wem gehört das? Wen muss man da fragen?

24 Nein das ist nicht genug! Sie haben auch schon intelligentere Fragen gestellt Herr Frisch... Fragen, bei denen die Antwort nicht so leicht fiel.

25 Dort wohnt der Schauspieler Bruno Ganz. Das wäre eine Traumbesetzung! Ich meine, wer den Alp-Öhi spielen kann u n d den Adolf Hitler kann auch einen Max Frisch spielen. Wer spielt den Noll?

26 Das Büro war winzig. Aber ich verfügte über ein Telefon, ein Budget und über eine halbe Sekretärin, die Frau Binswanger. Ein Chef mit Namen M. P. A. verfügte über mich. Er pflegte mir Manuskripte auf s Pult zu wischen: Thomas lesen Sie das doch bitte! (Thomas per Sie), und ich wusste, das stammt von einem seiner Freunde. Oder vom Direktor. Und dann war Höflichkeit angesagt.

27 Ich gestehe mit Herzklopfen, dass ich noch immer verliebt in sie bin. Seit «Montauk». Da gibt es die wunderbare Szene im Hotel, wo sie ihn, erschöpft von der Arbeit, im Zimmer besucht. Sie setzt sich hin und meditiert. Und Frisch beschreibt die Meditation von aussen (sic!). Als sie das Zimmer verlassen, lässt Lynn ihr Täschchen liegen. Und er freut sich wie ein Maikäfer.

28 Warum immer von hinten? Umarmen Sie mal
   einen Alkoholiker von vorne!

29 Geschieht ihm recht, dass sie bei den HARE
   KRISHNA gelandet ist! Frisch hält sie nämlich
   für ein Doofchen, weil sie «Krieg und Frieden»
   nur vom Kino kennt, und Shakespeare nur dem
   Namen nach: Aber von der Bhagavad-Gita hat
   e r keine Ahnung.

30 Wer Zweifel an Peter Nolls Talent zum Dramatiker
   hat, soll in seinen Diktaten die Szene lesen auf der
   Notfallstation S. 196/197.

31 Es muss nicht unbedingt ein Pudel sein. Es gibt so
   viele hübsche, kleine Hunde; ein Möpschen zum
   Beispiel, oder einen Foxli. Er müsste einfach
   das Talent mitbringen, im richtigen Moment einen
   auf s Pflaster pflanzen zu können.

32 Die alte Passantin hat möglicherweise am 1. Dezember 1978 in der Predigerkirche den intressan-
   ten Vortrag gehört, den der Herr Professor über
   JESUS CHRISTUS hielt.

33 Der Jaguar gehört dem Volker Schlöndorff! Eine Foto (November 1990, Fotografin nicht genannt) zeigt ebendenselben mit Hut, bei der Übergabe des Autos durch den Autor (mit Dächlikappe). Vor einem Backsteingebäude. (Stadelhofen?) Halb auf dem Trottoir. Die Seitentüren offen. Tessiner Nummer. Anscheinend war der Moribundus so zufrieden mit der Verfilmung des Homo Faber... der Schlöndorff! Der soll das machen. Unbedingt! Das ist der Mann, der das kann! Der hat alles, was es braucht zu diesem Film!

34 Ich nehme nicht an, dass die beiden Herren das Wiggertal kennen. Ich kenne es. Von oben sieht es aus wie Los Angeles: Hochkamine, Autobahnen und Fabriken, Shoppingcenter, Alemannenhäuser. An den Rändern ab und zu ein Rebberg. Aber den Dagmerseller kann man schon trinken. Mit Mass genossen macht er auch kein Kopfweh.

35 Das ist die Dosis, die man meiner Kusine R. injizierte, die, total verkrebst, auf diese Weise noch sechs Wochen lebte. Lebte? Na ja. Vegetierte.

36 An einem Schlaganfall. Am 4. Oktober 1982, 11 Uhr 30 vormittags, in Toronto.

37 Nach den Erinnerungen von Max Frisch und Rebekka Noll: die «Horrornacht» von Donnerstag auf Freitag kann ich mir vorstellen. Dass am Freitagmorgen schon «eine grosse Ruhe herrschte, eine Ergebenheit, die Würde ausstrahlte», bezweifle ich und traue lieber der Schilderung des Freundes in den «Entwürfen».

38 Die einzige Passage, die ich von Frisch kenne, in der er Mundart schreibt.

39 «Der letzte Akt, mit dem die seltsam wechselnde Geschichte schliesst, ist zweite Kindheit... ohne Augen... ohne Zahn... Geschmack... ohn alles.»

Thomas Hostettler wurde am 25. Mai 1946 in
Zofingen geboren als Sohn der Elisabeth,
geb. Däster und des Heinz, Monteur.
Er wurde Schauspieler, Regisseur und
Schriftsteller.

Mit fünfzig verschwand er aus den Medien.
Und tauchte wieder auf im Land der
Meditation.

umut editions gmbh

für Bücher und andere Medienprodukte
erhältlich in Buchhandlungen weltweit und online-shops
direkt und schnell bei www.bod.de/buchshop

BUCH und ebook

YOL – Der Weg ins Exil. Das Buch. Von Edi Hubschmid (2017/2020)
YOL – The Road to Exile. The Book. Übersetzung Peter Palliser (2020)
YOL – Le chemin de l'Exile. Le Livre. Übersetzung Peter Palliser (2020)
YOL – Bir Sürgün Hikâyesi. Kitap. Übersetzung Husen Duzen (2017/2020)
YOL – Riya Welatê Xerîbiyê. Pirtûk. Übersetzung Husen Duzen (2017/2020)
YOL – Was geschah danach? – Mit den Menschen, den Firmen
und dem Film «Yol». Von Edi Hubschmid und Peter Palliser (2021).
Land der Schatten. Jung und Freud – Szenen einer Freundschaft.
Von Kurt Gloor – Drehbuch (2021).

FILM

SEELISCHE GRAUSAMKEIT von Hannes Schmidhauser, 1961
SEULS von Francis Reusser, 1981
YOL von Yilmaz Güney, 1982
CHAPITEAU von Johannes Flütsch, 1983
GLUT von Thomas Koerfer, 1983
DIE SCHWARZE PERLE von Ueli Mamin, 1985
LIEBESERKLÄRUNG von Georg Janett, Ursula Bischof und Edi Hubschmid, 1988
LEO SONNYBOY von Rolf Lyssy, 1989
AZZURRO von Denis Rabaglia, 2000
KLEINE FISCHE von Petra Volpe, 2007

IMPRESSUM

Alle Rechte vorbehalten
Copyright © 2021
umut editions
ISBN 978-3-907317-10-5
ISBN 978-3-907317-13-6 (ebook)

Gestaltung, Layout
Clerici Partner Design, Zürich, Schweiz,
www.clerici-partner.ch

Druck und internationaler Vertrieb
BoD – Books on Demand, Norderstedt,
Deutschland, www.bod.com

Verlag
umut editions gmbh, 8032 Zürich, Schweiz,
www.umut-editions.com